Début d'une série de documents
en couleur

ESSAI PHILOSOPHIQUE

SUR LA

PAIX PERPÉTUELLE

PAR

EMMANUEL KANT

AVEC

UNE PRÉFACE DE Ch. LEMONNIER

PARIS

G. FISCHBACHER, LIBRAIRE-ÉDITEUR

33, RUE DE SEINE, 33.

1880

PUBLICATIONS

DE LA

LIGUE INTERNATIONALE DE LA PAIX & DE LA LIBERTÉ

Annales du Congrès de Genève 1867............	5 fr. »
Bulletin officiel du premier Congrès de Lausanne 1869, presque épuisé.	
Bulletins officiels des Congrès tenus par la Ligue de 1871 à 1879, 9 volumes 2 fr. l'un, la collection........................	15 »
Question de l'Alsace et de la Lorraine, par Louis Simon de Trèves...................	1 »
La question sociale, par Ch. Lemonnier......	75
De l'arbitrage international et de sa procédure................................	50
Formule d'un traité d'arbitrage............	50
Les États-Unis d'Europe, par Ch. Lemonnier (presque épuisé)............................	1 »
Résolutions votées par les dix premiers Congrès	1 »
Les États-Unis d'Europe, journal de la Ligue, paraissant à Genève le samedi, bureaux, 1, quai des Vergues. 8 fr. pour la Suisse, 10 fr. 60 pour tous pays de l'*Union postale*. Abonnement sans frais dans tous les bureaux de poste, en Suisse, en Belgique et en France.	
Cartes de propagande, la douzaine franco....	0 20

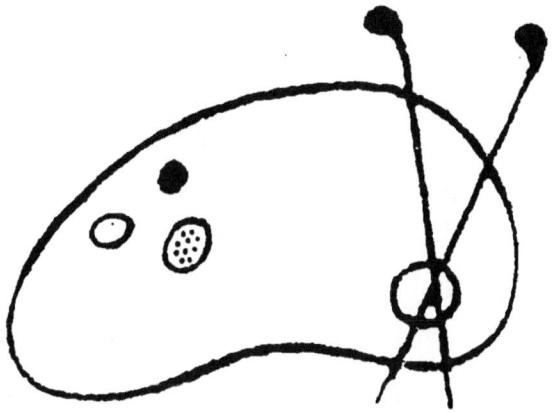

Fin d'une série de documents
en couleur

ESSAI PHILOSOPHIQUE

SUR LA

PAIX PERPÉTUELLE

PAR

EMMANUEL KANT

AVEC

UNE PRÉFACE DE CH. LEMONNIER

PARIS

G. FISCHBACHER, LIBRAIRE-ÉDITEUR

33, RUE DE SEINE, 33.

—

1880

PRÉFACE

Il y a près d'un siècle qu'en 1795, Kant fit paraître à Kœnisberg la brochure dont nous réimprimons avec des corrections nombreuses, la traduction qui en fut faite en 1796, sur la deuxième édition allemande.

Ce petit livre, qui eut tout d'abord un très-grand succès, est resté célèbre, mais il est fort peu connu. MM. Tissot et Barni l'ont compris dans l'édition que chacun d'eux a donnée des œuvres complètes de Kant; M. Gustave Vogt, l'éminent professeur d'économie politique de l'Académie de Zurich, qui fut le premier président de la Ligue internationale de la paix et de la liberté, en a publié en 1867, à Berne, une édition allemande, mais c'est là toute la publicité qu'a reçue cette œuvre admirable. Personne, depuis Jansen et Perronneau éditeurs de la traduction de 1796, ne l'a publiée en Français, à part des œuvres générales de Kant. Il y avait à la bibliothèque du Louvre, un exemplaire de cette traduction, mais il a péri dans l'incendie de 1871, et il ne reste peut-être de l'édition Jansen et Perronneau, que l'exemplaire conservé à Paris dans la Bibliothèque nationale.

On se rend aisément compte du grand succès qui accueillit la brochure, et du profond silence qui s'est fait autour d'elle après le premier éclat.

Lorsqu'elle parut en 1795, elle répondait par son titre à la pensée générale. L'Europe était profondément fatiguée de la guerre. La Prusse qui avait été la dernière à soutenir la lutte engagée par les rois contre la République française était, dit l'un de ses historiens, plus épuisée d'hommes et d'argent qu'elle ne le fut même après Iéna. La République française restait victorieuse, mais au prix de quels sacrifices, et après quelles luttes à l'extérieur et à l'intérieur! Les rois battus se taisaient, les peuples écrasés étaient dans l'attente. On avait soif de paix, mais le sol était mal affermi, et l'on avait comme un pressentiment des guerres effroyables que devaient voir les premières années du siècle qui allait s'ouvrir. Ces deux mots du titre : *Paix perpétuelle*, rayonnaient donc comme une promesse ; ils rafraîchissaient l'esprit, ils parlaient à l'imagination. On chercha dans ces cent pages un remède contre la guerre, et comme une recette de paix.

Mais Kant n'est point un donneur de recettes, un faiseur d'utopies, un inventeur de procédés politiques ; Kant n'est point même un pur philantrope, Kant est le plus grand moraliste que l'humanité ait produit. C'est la justice qui le conduit à la paix, mais à la paix par la liberté. Il est venu achever par la philosophie, l'œuvre ébauchée par Gentili et par Grotius. Pénétré des idées de Rousseau qu'il éclaircit et qu'il féconde, il a condensé, en la corrigeant, en lui donnant la force et la simplicité, la doctrine du dix-huitième siècle. Son œuvre fait transition d'un siècle à l'autre, épilogue et préface, critique et enseignement.

Quand la paix de Bâle, signée le 5 octobre 1795, mit fin à la lutte engagée par la deuxième coalition, Kant venait de terminer sa *Métaphysique du Droit*; il avait enfermé dans les conclusions de ce beau travail, le fruit de l'observation quotidienne qu'il faisait depuis quinze ans, du drame de la révolution. Il admirait la révolution, il l'aimait, il en était pénétré. Ses biographes racontent qu'une seule fois, durant sa longue vie, ses voisins le virent courir dans la rue : c'était le jour où la malle apportait de Paris à Kœnisberg, la Déclaration des droits.

Quand il vit le triomphe de la République et la défaite des rois, il comprit que la réalisation de ses principes faisait un grand pas, son espoir se tourna un moment vers la pratique, et dans les cent pages de l'admirable brochure que nous publions, il déposa, en même temps que la critique radicale de la vieille monarchie, la semence de la politique de paix, de justice et de liberté.

Par une fantaisie toute allemande, il prit pour cadre la forme ironique d'un protocole diplomatique, imitant par la disposition des matières, par la multiplicité des divisions : Articles provisoires, Articles définitifs, Supplément, Appendice, et jusque dans la raillerie d'un article secret, les façons embarrassées, les allures cauteleuses qui semblent la méthode obligée, des instruments diplomatiques.

Mais, sans parler de la moralité profonde qui a dicté les articles provisoires, quelle netteté, quelle force, quelle précision féconde dans les articles définitifs !

La République, déclarée de tous les gouvernements, le meilleur pour la paix, parce qu'il est le meilleur pour la liberté.

La formation d'une fédération de peuples, indiquée comme l'unique moyen de substituer par un établissement juridique l'état de paix à l'état de guerre. Républicaine naturellement, cette fédération, car comment admettre, après le principe posé dans l'article 1er, qu'une Fédération de peuples libres puisse avoir pour chef un empereur ou un roi ?

Dans ces deux articles et dans les commentaires lumineux dont il les fait suivre, Kant a enfermé à la fois, la théorie et la pratique de la politique, le principe et l'application ; on peut dire, sans aucune exagération, que l'avenir des peuples est réglé par ces deux cents lignes. Car ce n'est point à la paix de l'Europe seulement que vise le philosophe, mais à la paix universelle ; et logiquement, en effet, ces deux idées sont liées, la vraie paix doit être universelle et perpétuelle.

Cette brève analyse suffit à faire voir qu'à l'époque où la brochure parut, le sens profond qu'elle enferme, ne pouvait même être soupçonné par le gros public, et que ne pouvant la comprendre, on devait l'écarter comme le rêve irréalisable d'une philanthropie chimérique.

Une autre cause d'obscurité, c'est que, préoccupé de rassembler et de lier les conséquences de sa doctrine philosophique, Kant, tout en affirmant le lien qui rattache la politique à la morale, avait négligé de le mettre en saillie dans la première édition de l'*Essai*. Lui-même paraît avoir vu cette lacune et s'être appliqué à la faire disparaître, en ajoutant dans la seconde édition cet appendice, où il trace entre le Politique moral et le Moraliste politique, un parallèle qui semble écrit d'hier. Cependant, ce n'est point sans un certain effort. que les esprits les plus appliqués peuvent retrouver et suivre la série d'idées qui conduit du principe de la morale : l'autonomie de la personne humaine, à sa conséquence politique la plus éloignée : l'établissement de la paix par la constitution d'une Fédération républicaine de peuples libres.

Essayons de rétablir ici la série de ces idées.

Chacun de nous peut constater par la réflexion, et par l'observation de soi-même, qu'il a connaissance de la succession et de la diversité de ses états de conscience.

Chacun sait donc, ou peut savoir, qu'il a des sensations, des instincts, des besoins, des mouvements de passions, et de plus qu'il est doué de raison, c'est-à-dire qu'il peut reconnaître des principes, faire des comparaisons et des jugements, puis de ces jugements tirer des conclusions.

Chacun, enfin, se sent un certain empire sur ses idées, sur ses instincts, sur ses passions, et dès lors se reconnaît responsable envers les autres, dont réciproquement il affirme la responsabilité.

Les instincts, les besoins, les passions étant sensiblement les mêmes chez tous les hommes, et la quantité des choses nécessaires à la satisfaction de ces instincts, de ces besoins, de ces passions, étant forcément limitée, partout où un homme se trouve en face d'un autre homme, il y a concurrence pour la vie, guerre par conséquent, ou association. Ces forces physiques, intellectuelles, morales, qu'ils possèdent, ils peuvent, ces hommes que la fatalité met en concurrence, ou les tourner à leur extermination mutuelle, ou les combiner dans leur intérêt commun.

Que leur conseille la raison?

Qui osera, qui pourra répondre que la raison conseille l'extermination?

La raison leur crie de s'associer!

Que ces hommes s'associent donc!

Mais sous quelles conditions?

Que la raison s'explique encore, qu'elle dicte les clauses fondamentales du contrat.

La loi commune sera faite par tous ceux qui devront l'observer, ou du moins par ceux qu'ils auront chargés de la préparer, et dans tous les cas, elle sera comprise et librement consentie par tous.

Première condition : la LIBERTÉ.

Chacun de ceux qui se seront soumis à cette loi lui obéira, tous sans exception ; chacun en donnant son obéissance, aura la certitude que tout autre associé obéit comme lui. Point de privilèges.

C'est la deuxième condition : l'ÉGALITÉ.

Ce n'est point assez. S'associer, c'est se donner réciproquement l'un à l'autre dans les limites et pour les fins convenues; c'est s'obliger à la fois à se servir et à se respecter les uns les autres. Toute personne sera donc égale en dignité à toute autre. Toute personne sera donc une *fin*, aucune ne peut ni ne doit être un *moyen*. Point d'exploitation de l'homme par l'homme.

Telle est la troisième condition : la FRATERNITÉ.

Ces trois mots qui contiennent la charte du *Devoir* et du *Droit*, sont donc à la fois la formule de la morale, la formule de la politique, on peut ajouter, la formule de l'économie sociale.

Voilà pourquoi la forme républicaine est de toutes les formes de gouvernement la meilleure, c'est qu'elle est la seule dont le principe soit identique au principe de la morale, la seule qui puisse résoudre le problème social, la seule légitime à parler rigoureusement.

Mais si telle est la base du droit civil, du droit public national, sur quel principe, quand on passera de la sphère du droit national à celle du droit international, fera-t-on reposer les droits et les devoirs des peuples entre eux?

La réponse est aisée : De quels éléments se compose un peuple sinon de personnes humaines? Que sont les peuples, sinon des groupes humains?

Donc, la Raison toujours prise pour arbitre, quand des peuples voudront quitter la barbarie de l'état de guerre où ils sont encore, et passer à l'état de paix et d'association, ces peuples devront régler leurs relations, leurs droits et leurs devoirs mutuels sur les mêmes principes, et la forme d'association juridique, le gouvernement qu'ils institueront entre eux ne peut être qu'une Fédération républicaine, dont les membres exerceront mutuellement et réciproquement les droits et les devoirs de liberté, d'égalité et de fraternité.

C'est ainsi que le principe de la morale devient le principe de la politique et de l'économie, et que le droit international se trouvant fondé sur les mêmes bases que le droit civil, quand les nations passeront, par leur volonté, de l'état de guerre à l'état juridique, la paix sera fondée sur la liberté, sur l'égalité, sur la fraternité, ou pour tout dire d'un seul mot, sur la JUSTICE.

Ceux qui prendront la peine d'étudier l'*Essai sur la paix perpétuelle* et de le comparer, soit avec la *Métaphysique des mœurs*, soit avec la *Critique de la Raison pratique*, soit avec les *Eléments du Droit*, et qui, cette comparaison faite, liront avec autant de soin l'excellent livre de M. Renouvier, la *Science de la morale*, verront clairement que l'*Essai sur la paix perpétuelle* contient la moelle de la doctrine de Kant, et qu'en rétablissant la série des idées du grand philosophe nous n'avons rien brisé, rien forcé, rien introduit.

Mais ces idées, très-nouvelles encore pour le public européen de 1880, ne pouvaient être comprises du public de 1796, et rien n'est moins surprenant que l'oubli dans lequel l'*Essai* demeure encore enseveli.

En usant du peu qui est en nous pour en rendre la connaissance plus populaire, nous devons déclarer que nous ne saurions souscrire aveuglément à toutes les propositions qu'il renferme. Nous ne saurions, par exemple, adopter sans réserve l'espèce de condamnation dont Kant frappe la forme démocratique. Le principe de la division des pouvoirs nous semble incontestable, et la fonction législative, par exemple, nous paraît ne devoir jamais être exercée par les mêmes hommes que la fonction exécutive, qui elle-même, ne doit pas se confondre avec la fonction judiciaire; la nature même de l'esprit humain interdit cette division, mais des expériences récentes qui se poursuivent et se multiplient chaque jour, notamment chez plusieurs cantons Suisses, indiquent que parvenu à un certain degré de culture politique, le peuple peut très-bien exercer directement, lui-même et en dernier ressort, la fonction législative, sans que les principes fondamentaux de la politique et de la morale en soient ébranlés.

Peut-être n'a-t-on jamais remarqué que dans le commentaire dont il fait suivre le deuxième Article définitif du Traité de paix perpétuelle, Kant semble un instant viser deux solutions du problème de la paix.

La solution qu'il préfère, celle qui la première frappe sa pensée, c'est la constitution d'une Fédération de peuples, *Civitas gentium*. Chacun des membres de cette fédération continuerait de former un Etat particulier ayant son autonomie, sa Constitution, son Pouvoir Législatif, son Pouvoir Judiciaire, son Pouvoir Exécutif, bref son Gouvernement. Ces Etats particuliers, cependant, constitueraient et entretiendraient au-dessus d'eux tous un Etat fédéral dont la Législature, le Tribunal, le Conseil exécutif envelopperaient et régiraient l'ensemble formé par les Etats.

C'est ordinairement une telle Fédération que l'on conçoit lorsqu'on parle de constituer les Etats-Unis d'Europe, et l'on en cherche le modèle, soit dans les Etats-Unis d'Amérique, soit dans la Confédération Helvétique.

On comprend aisément comment la formation d'une semblable Fédération ferait disparaître jusqu'à la possibilité de la guerre, entre les peuples dont elle serait composée. Ces peuples, cessant d'avoir chacun son armée, chacun sa flotte, ne garderaient de force disponible que celle qui serait nécessaire pour le service de leur police intérieure, la Force véritable, armée et flotte, prenant le caractère fédéral, et assurant la paix intérieure et la sécurité extérieure par l'action du gouvernement fédéral.

Mais il est certain que lorsqu'on songe à faire entrer dans les liens d'une telle Fédération de vieilles et fortes nations habituées depuis des siècles à ne reconnaître aucune loi extérieure, pénétrées jusqu'aux moelles d'orgueil patriotique, la plupart constituées encore en monarchies, occupant de grands territoires, quelques-unes étendant leur domination sur d'immenses et nombreuses colonies, on se trouve, même théoriquement, en face de difficultés très-grandes.

C'est en présence de ces difficultés que Kant paraît avoir eu un instant la conception obscure d'une solution différente du problème de la paix : « Alliance pacifique, *fœdus pacificum*, différant du Traité de paix en ce qu'une telle alliance terminerait à jamais toutes les guerres, tandis que le traité de paix ne met fin qu'à une seule. » Mais cet esprit ferme et clair n'hésite point longtemps, il caractérise lui même cette alliance bâtarde de : « Supplément négatif ». Elle pourra, dit-il, « détourner la guerre et s'étendre insensiblement de façon à arrêter le torrent des passions inhumaines qui l'engendrent, mais on sera toujours menacé de voir cette digue se rompre. »

Sans abandonner l'idée supérieure de la formation d'une Fédération de peuples libres qui n'a jamais cessé d'être à ses yeux la seule et véritable solution du problème, la Ligue internationale de la paix et de la liberté a, dès 1872, indiqué le moyen pratique de préparer cette fédération. Elle propose, comme transition, la négociation et la conclusion entre deux ou plusieurs peuples de Traités d'arbitrage permanent. La clause essentielle de ces traités serait une disposition analogue à la suivante :

« Pendant trente ans, à partir de ce jour, les parties contractantes renoncent à user l'une envers l'autre d'aucun moyen de guerre, elles s'obligent, au contraire, à soumettre tous les différends qui pourront s'élever entre elles, à la décision souveraine et en dernier ressort d'un tribunal arbitral, nommé et siégeant conformément à la procédure arrêtée ci-après ».

Une telle convention ne serait même pas un Traité d'alliance offensive ni défensive ; elle laisse absolument intactes, l'indépendance, l'autonomie, la souveraineté des parties. Elle ne les oblige à aucun armement, ni même à aucun désarmement; elle ne leur impose aucun autre engagement que de faire résoudre par voie d'arbitrage les difficultés qui pourraient naître entre les deux peuples pendant la durée du traité !

Combien cependant la cause de la paix et de la liberté ne gagnerait-elle point à la conclusion de semblables traités !

Négociés d'abord, naturellement, entre les peuples que rapproche le plus en ce moment la conformité des vues, des intérêts et des sentiments, ils attireraient de proche en proche des adhérents ou des imitateurs. On s'habituerait aux douceurs, aux avantages de la paix. Des mœurs internationales nouvelles se formeraient. Les vieux préjugés nationaux s'effaceraient. Le point d'honneur changerait. Les peuples reconnaîtraient que la vraie dignité est d'obéir volontairement à la justice, et que le seul moyen de faire régner la justice est d'établir de concert une législation extérieure qui constitue un droit international positif.

Quand ce progrès sera fait, les États-Unis d'Europe seront proche parce qu'ils seront compris et voulus.

Nulle part dans l'*Essai*, sinon peut-être dans le passage où l'auteur fonde le droit cosmopolitique sur « la possession commune de la surface de la terre dont la forme sphérique oblige les hommes à se supporter les uns à côté des autres, parce qu'ils ne sauraient s'y disperser à l'infini, et qu'originairement l'un n'a pas plus de droit que l'autre à une contrée déterminée, » nulle part Kant ne touche à ce que nous appelons aujourd'hui la question sociale ; ce silence s'explique. Quand il écrivait l'*Essai*, les grands socialistes : Saint-Simon, Fourier, Owen, n'avaient point paru, et le prolétariat proprement dit n'existait pas. La France venait à peine de donner le signal de la destruction politique et sociale de l'organisation féodale, l'antagonisme ne s'était pas encore déclaré entre le capital et le travail, le régime de la concurrence n'avait point encore largement fonctionné ; il y avait des pauvres, des misérables, des exploités, il n'y avait pas encore de prolétaires. Pour que le prolétariat parût, pour que la question sociale naquît, il fallait que la liberté du travail eût donné le plein essor au commerce, à la science, à l'industrie, mais à moins que ces mots de liberté, d'égalité, de fraternité, de justice, ne représentent que de vaines syllabes, il est évident que le problème politique et le problème social sont enveloppés dans le problème moral. Se figurer que la question sociale peut se résoudre par la force brutale, c'est nier la justice au nom de laquelle on a la prétention d'agir ; c'est travailler contre son propre principe. Kant a résolu la question sociale sans l'avoir posée.

Aussi la Ligue a-t-elle, dès sa naissance, mis la question politique et la question sociale sur le même plan, et déclaré qu'elles devaient se traiter et se résoudre par les mêmes principes. Point d'évolution économique sans une évolution corrélative de la morale dont le principe, déjà rappelé, est que toute personne humaine doit, partout et toujours, être considérée comme une fin, jamais comme un moyen.

Nous ajouterons que depuis douze années qu'elle existe, la Ligue internationale de la paix et de la liberté, sans jurer sur la foi du maître, s'est constamment efforcée dans ses conférences, dans ses brochures et dans son journal les ETATS-UNIS D'EUROPE, de dégager pratiquement, par un commentaire perpétuel tiré de la marche même des évènements, l'admirable enseignement contenu dans l'*Essai*, enseignement qui n'est d'ailleurs que la doctrine même de la Révolution.

En 1867 à Genève, en 1868 à Berne, la Ligue en rappelait vaguement les principes les plus généreux, et reprenait après Cattaneo et Victor Hugo cette belle formule : LES ÉTATS-UNIS D'EUROPE.

En 1869 à Lausanne, elle précisait les conditions de la formation d'une Fédération européenne.

Deux ans plus tard, encore à Lausanne, après la guerre franco-allemande, après la Commune et la guerre civile française, la Ligue montrait, par l'application qu'elle en faisait à l'explication et au jugement des terribles évènements qui venaient de se passer, l'évidence, la force, la puissance génératrice et conservatrice de ces principes. Elle affirmait que l'autonomie, c'est-à-dire la pleine liberté de la personne est le principe fondamental de la morale, de la politique et de l'économie sociale.

A Lugano en 1872, la Ligue concluait à l'abolition de la peine de mort, par une raison tirée des mêmes principes, et que n'avaient guère donnée les adversaires ordinaires de cette peine : à savoir que le droit de punir s'arrête à la limite du droit de défense.

Enfin après avoir à Genève, en 1873 et en 1874, établi les bases du droit international, donné la formule d'un traité d'arbitrage permanent dont la conclusion, ne fût-elle consentie que par deux peuples, serait un premier pas considérable vers une institution juridique européenne, la Ligue n'a laissé passer depuis aucun fait social ou politique de quelque importance, sans le soumettre à ce *criterium* suprême : le JUSTE.

CH. LEMONNIER.

Montpinier, 6 mai 1880.

ESSAI PHILOSOPHIQUE

SUR

LA PAIX PERPÉTUELLE

A LA PAIX PERPÉTUELLE

Cette inscription satirique, tracée par un aubergiste hollandais au bas de l'enseigne où il avait fait peindre un cimetière, s'adressait-elle aux hommes en général, visait-elle en particulier les souverains insatiables de guerre, ou simplement les philosophes qui se livrent au beau songe d'une paix perpétuelle ? Nous ne saurions le décider. Quoi qu'il en soit, l'auteur de cet écrit le publie sous une seule réserve que voici : Le politique pratique a coutume de témoigner au faiseur de théories, autant de dédain qu'il a de complaisance pour lui-même. A ses yeux, le théoricien n'est qu'un pédant d'école, dont les idées creuses ne sont jamais d'aucun secours à l'Etat auquel il faut des principes déduits de l'expérience ; le théoricien n'est donc qu'un joueur insignifiant à qui l'on peut permettre de faire de suite tous ses coups, sans avoir besoin de prendre aucune précaution contre lui. Voilà l'usage ; je l'accepte, mais que l'homme d'Etat daigne donc être conséquent, et si, par hasard, il découvre dans cette brochure des idées opposées aux siennes, qu'il ne s'imagine pas voir quelque danger pour l'Etat dans des opinions hasardées à l'aventure et publiées avec franchise. — Clause de précaution (*clausula salvatoria*) par laquelle l'auteur prétend expressément se prémunir, en bonne et due forme, contre toute interprétation maligne.

PREMIÈRE SECTION.

ARTICLES PRÉLIMINAIRES D'UNE PAIX PERPÉTUELLE
ENTRE LES ÉTATS.

ARTICLE I.

Nul traité de paix ne peut mériter ce nom s'il contient des réserves secrètes qui permettent de recommencer la guerre.

En effet, un tel traité ne serait qu'un armistice, une suspension d'armes, et non LA PAIX, fin de toute hostilité, la paix, qu'on ne peut même appeler perpétuelle, sans faire un pléonasme. Le TRAITÉ DE PAIX doit anéantir tous sujets de guerre connus ou inconnus des parties contractantes, quelque habileté qu'on puisse mettre plus tard à les exhumer des archives de la diplomatie. Réserver de vieux griefs que la faiblesse des parties en lutte peut seule ajourner, pour les produire ultérieurement quand l'occasion paraîtra favorable, ce serait user d'une restriction mentale (*reservatio mentalis*) qu'il convient de laisser à la casuistique des Jésuites. Il est indigne des souverains et de leurs ministres d'avoir recours à ces calculs honteux. C'est ainsi qu'en jugera tout homme qui verra la chose telle qu'elle est.

Mais, si conformément aux principes lumineux de la Politique, on fait consister la gloire de l'Etat à s'accroître perpétuellement, par des moyens quelconques, mon raisonnement n'est évidemment qu'une pédanterie scolastique.

Article II.

Nul État, qu'il soit grand ou petit, ce qui est ici tout à fait indifférent, ne pourra jamais être acquis par un autre État, ni par héritage, ni par échange, ni par achat, ni par donation.

Un Etat n'est pas, comme le sol sur lequel il est assis, un patrimoine. C'est une Société d'hommes, qui seule peut disposer d'elle-même. C'est une souche qui a ses racines propres; incorporer un Etat dans un autre Etat, comme on ferait d'une greffe, c'est le réduire, de la condition de personne morale, à l'état de chose, ce qui contredit l'idée du contrat originaire, sans lequel on ne saurait concevoir de droit sur un peuple (1).

Chacun sait à quels dangers l'Europe, seule partie du monde où cet abus se soit montré, s'est vue exposée jusqu'à nos jours, par suite de ce préjugé que les Etats peuvent s'épouser les uns les autres : nouvelle industrie, par laquelle on acquiert au moyen de pactes de famille, et sans aucun déploiement de force, ou un excès de puissance, ou un prodigieux accroissement de domaines.

Par une conséquence du même principe, il est interdit à tout Etat de mettre des troupes à la solde d'un autre Etat contre un ennemi qui n'est pas commun à tous deux; car faire ainsi, c'est employer les

---

(1) Un royaume héréditaire n'est pas un Etat qui puisse passer à un autre Etat, c'est un Etat où le droit d'administration seulement peut être transmis par héritage à une autre personne physique. L'Etat acquiert alors un chef : mais celui-ci, en tant que chef ou maître d'un autre royaume, n'acquiert pas l'Etat.

sujets, comme des choses dont on peut disposer à son gré (1).

Article III.

Les armées permanentes (miles perpetuus) doivent entièrement disparaître avec le temps.

En effet, ces armées étant toujours prêtes pour l'action, sont une menace perpétuelle pour les autres Etats, qu'elles provoquent à augmenter indéfiniment chez eux le nombre des hommes armés. Cette rivalité, source inépuisable de dépenses qui rendent la paix plus onéreuse que ne le serait une courte guerre, fait même entreprendre quelquefois des hostilités par la seule pensée de se délivrer d'une charge si pénible.

D'ailleurs, recevoir une solde pour tuer ou pour être tué, c'est devenir instrument ou machine dans la main d'autrui. On ne voit pas trop comment un tel usage, qu'un tiers (l'Etat) fait des hommes, peut être compatible avec le droit absolu que la nature

---

(1) Nous lisons dans les *Éphémérides Joigneaux* que, le 27 février 1776, un marché fut conclu entre certains princes allemands et le gouvernement anglais. Les princes allemands, moyennant un loyer convenu, s'engageaient à livrer à l'Angleterre 16,968 soldats pour la guerre d'Amérique, et à reprendre à la paix ceux qui n'auraient pas été tués. Quant à ceux qui seraient tués, l'Angleterre devait les payer aux fournisseurs 250 francs par tête. Les fournisseurs s'étaient engagés à reprendre les estropiés, à la condition que le gouvernement anglais payerait 250 francs pour trois estropiés, c'est-à-dire autant que pour un soldat mort.

C'étaient le duc de Brunswick, le landgrave de Hesse-Cassel et le prince héréditaire de Hesse qui louaient ainsi leurs soldats et qui signaient ce scandaleux contrat comme s'il se fût agi de machines ou d'animaux vulgaires. Kant pensait peut-être à ce marché honteux, lorsqu'il écrivait son deuxième article préliminaire.

(*Note de l'éditeur*).

donne à chacun de nous sur sa propre personne (1).

Il en est tout autrement des exercices militaires, entrepris volontairement et à des époques réglées, par les citoyens, pour se mettre en état de garantir, eux et leur patrie, des agressions du dehors.

La thésaurisation, moyen de puissance militaire plus efficace peut-être que les armées ou les alliances, pourrait produire le même effet que l'entretien de troupes réglées, et, considérée comme une menace de guerre, exciter les autres Etats à prendre l'avance. Seulement le difficile ici est de connaître exactement la force du trésor.

Article IV.

On ne doit point contracter de dettes nationales pour soutenir au dehors les intérêts de l'État.

Les emprunts faits à l'intérieur ou à l'étranger offrent une ressource qui n'a rien de suspect, si dans l'intérêt véritable du pays on les destine, par exemple, à créer ou à réparer des grandes routes, à former de nouvelles colonies, à établir des magasins en vue des années de disette, etc., etc. Mais, que penser de ce système de crédit, invention ingénieuse d'une nation commerçante de ce siècle, au moyen duquel les

---

(1) Un prince de Bulgarie répondit à un empereur d'Orient, qui voulant épargner le sang de ses sujets, lui avait proposé de terminer leur différend par un combat singulier : « Un Forgeron qui a des tenailles, ne retire pas avec ses mains le fer rouge du brasier ! »

M. G. Vogt dans l'édition allemande qu'il a donnée en 1867 de l'*Essai sur la paix perpétuelle*, MM. Tissot et Barni dans leurs traductions, placent cette note plus loin, et la rattachent au deuxième article définitif. Nous avons suivi la version de MM. Jansen et Perronneau.

(*Note de l'éditeur.*)

dettes s'accumulent à l'infini, sans qu'on ait à s'embarrasser du remboursement, parce que les créanciers ne l'exigent jamais tous à la fois ? Considéré comme ressort politique, c'est un moyen dangereux de puissance pécuniaire, c'est un trésor de guerre, supérieur à celui de tous les autres Etats pris ensemble et qui ne peut s'épuiser qu'à la longue, par le déficit des taxes, (déficit qui ne menace que l'avenir et qui peut être longtemps retardé par la réaction favorable du crédit sur le commerce et sur l'industrie). Cette facilité de faire la guerre, jointe au penchant naturel qui semble y porter les hommes dès qu'ils en ont le pouvoir, est un très grand obstacle à la paix perpétuelle. Et ce qui autorise d'ailleurs à faire de l'abolition de cet usage un article préliminaire d'un traité de paix perpétuelle c'est que, tôt ou tard, il résulterait de son maintien une banqueroute nationale, par laquelle plusieurs Etats, qui en souffriraient malgré leur innocence, se trouveraient ouvertement lésés. Ces Etats sont donc, pour le moins, en droit de se liguer contre celui qui se permet de telles mesures, attentatoires à leur sûreté.

Article V.

Aucun État ne doit s'ingérer de force, dans la constitution ni dans le gouvernement d'un autre État.

Qu'est-ce qui pourrait autoriser une pareille ingérence ? Le scandale donné aux sujets de quelque autre souverain ? Mais l'exemple de l'anarchie peut au contraire les instruire du danger qu'on court à s'y exposer. D'ailleurs le mauvais exemple qu'un être libre donne aux autres n'est nullement une lésion de leurs droits. Il en serait autrement d'une révolution qui diviserait un Etat en deux Etats différents dont chacun aurait la prétention de dominer le tout. Comme il n'y a point alors de gouvernement régulier, ce n'est pas s'ingérer dans la constitution de cet Etat anarchique que de prêter du secours à l'un des partis. Mais tant que ces dissensions ne sont point parvenues à ce point, des Puissances étrangères ne peuvent y prendre part sans léser les droits d'une nation indépendante, réduite à lutter contre des maux intérieurs ; ce serait là un scandale qui rendrait incertaine l'autonomie de tous les Etats.

Article VI.

On ne doit pas se permettre, dans une guerre, des hostilités qui seraient de nature à rendre impossible la confiance réciproque quand il sera question de la paix. Tels seraient l'usage que l'on ferait d'assassins (Percussores), *ou d'empoisonneurs* (Venefici), *la violation d'une capitulation, l'encouragement secret à la rebellion* (Perduellio), *etc., etc.*

Ce sont là des stratagèmes déshonorants. Il faut qu'il reste, même pendant la guerre, une sorte de confiance dans les principes de l'ennemi, autrement on ne pourrait jamais conclure de paix, et les hostilités dégénéreraient en une guerre à outrance (*bellum internecinum*), tandis que la guerre n'est, au fond, que la triste ressource qu'il faut employer dans l'état de nature pour défendre ses droits, la force y tenant lieu de tribunaux juridiques. Dans un tel état, aucun des deux partis ne peut être accusé d'injustice puisqu'il faudrait pour cela une sentence juridique, et que seule l'issue du combat décide, comme autrefois dans les *Jugements de Dieu*, de quel côté est le bon droit. Une guerre de punition, *bellum punitivum* ne saurait se concevoir entre des Etats, puisque entre eux il n'existe ni supérieurs ni inférieurs. — Une guerre à outrance pouvant entraîner la destruction des deux partis à la fois, avec l'anéantissement de tout droit, ne permettrait la conclusion de la paix perpétuelle que dans le vaste cimetière de l'espèce humaine. Il faut donc absolument interdire une pareille guerre aussi bien que les moyens qui y conduisent. Or, de ce genre sont certainement les pratiques infernales dont il est fait mention dans cet article ; infâmes en elles-même, si l'on y avait recours une fois, elles se perpétueraient même après la guerre, ainsi qu'on le voit par l'espionnage où l'on exploite l'avilissement d'autrui, et dont nous ne pouvons plus nous délivrer, et elles rendraient ainsi impossible tout vrai retour à la paix.

Quoique les dispositions qui viennent d'être indiquées ne soient toutes objectivement, c'est-à-dire considérées dans l'intention des Puissances, que des lois prohibitives, il en est cependant quelques-unes qui sont *strictes*, c'est-à-dire indépendantes de toute circonstance et qui exigent une exécution immédiate et absolue. Telles sont les rescriptions marquées des n^{os} I, V, VI, tandis que les autres (comme celles des n°s II, III, IV), sans constituer des exceptions à la règle de droit, sont moins rigoureuses, et subjectivement larges, (*leges latæ*), parce que leur observation dépend de circonstances locales et accidentelles qui peuvent en retarder l'exécution, sans qu'il soit permis néanmoins de les perdre entièrement de vue, et de remettre aux calendes grecques (pour me servir d'une expression d'Auguste), les restitutions à faire aux États qui ont été lésés (n° II), ce qui serait l'annulation même de la loi. Mais cet ajournement n'est même permis, que pour empêcher une précipitation qui pourrait détruire le but qu'on se propose. La disposition prohibitive, contenue dans cet article II, ne détermine que pour l'avenir le mode d'acquisition légitime, et ne doit point avoir d'effet rétroactif, la possession actuelle, sans être juste et légale en elle-même, ayant été généralement réputée telle, à l'époque de la prétendue acquisition (1).

(1) Ce n'est pas sans raison qu'on a douté jusqu'ici que, outre le précepte, (*leges præceptivæ*) et la défense, (*leges prohibitivæ*), il pût y avoir encore des lois permissives (*leges permissivæ*). Car la loi, en général, suppose une nécessité morale d'agir; une permission, au contraire, indique seulement la possibilité morale des actions dans certains cas donnés ; une loi permissive obligerait donc, sans restriction, à une action, qui ne serait possible que sous certaines conditions ; ce qui impliquerait contradiction, si l'objet de la loi était dans les deux cas considéré sous le même rapport. Or, dans la loi permissive dont il s'agit, la défense ne se rapporte qu'au mode d'acquisition future, (soit par hérédité) ; mais la permission qui annule cette défense a trait à l'état de possession actuelle. Dans le passage de l'état de nature à l'état civil, cette possession putative *putativa*, quoiqu'illégale, peut néanmoins être maintenue comme honnête, en vertu d'une permission du droit naturel. Mais il ne faut pas que son illégalité soit reconnue; car du moment où, dans l'état de nature une possession putative, et dans l'état civil une acquisition semblable sont reconnues comme injustes, elles ne sauraient plus subsister, parce qu'une fois qu'elles sont passées d'un état à l'autre, elles deviennent une lésion des droits.

Je n'ai voulu que fixer, en passant, l'attention des docteurs en droit naturel sur l'idée de loi permissive qui s'offre elle-même à tout esprit systématique ; surtout parce qu'on fait de ces lois un usage si fréquent dans le droit civil, avec cette différence cependant que la défense y est expresse et absolue, et que la permission n'y est pas insérée comme condition restrictive, ainsi qu'elle devrait l'être, mais se trouve rangée parmi les exceptions. Nous défendons ceci et cela, y est-il dit, excepté dans le cas des n°s 1, 2, 3, et ainsi à l'infini. Les exceptions n'y sont pas jointes à la loi d'après un principe fixe, mais à l'aveugle et au hasard des divers cas qui se rencontrent ; s'il en était autrement, les restrictions seraient toujours insérées dans la formule de défense, qui deviendrait par là une loi permissive. — Aussi est-il très fâcheux que l'on ait si tôt abandonné la question qui avait été mise au concours par M. le comte de Windischgratz et qui est restée sans solution.

En effet, on ne sera point en droit de se promettre une législation immuable et permanente, et ce qu'on appelle *jus certum* restera un vœu pieux, tant que l'on n'aura pas donné une formule analogue à celles des mathématiques qui puisse servir de fondement aux lois. En l'absence d'une telle formule, on aura bien des lois générales qu'on appliquera à un grand nombre de cas, mais on n'aura point de lois universelles applicables à tous les cas, ce que l'idée de loi cependant semble impliquer.

DEUXIÈME SECTION.

ARTICLES DÉFINITIFS D'UN TRAITÉ DE PAIX PERPÉTUELLE ENTRE LES ÉTATS.

Pour les hommes, l'état de nature n'est pas un état de paix, mais de guerre sinon ouverte du moins toujours prête à s'allumer. Il faut donc que l'état de paix soit *établi*, car, pour que l'on soit à l'abri de tout acte d'hostilité il ne suffit pas qu'il ne se commette point de tels actes, il faut de plus qu'un voisin garantisse à l'autre sa sécurité personnelle ; ce qui ne saurait avoir lieu que dans un état légal. Hors d'un tel état, chacun est en droit de traiter tout autre en ennemi, après lui avoir inutilement demandé garantie (1).

(1) L'opinion commune est qu'on ne peut agir hostilement que contre un agresseur ; et cela est vrai, supposé que les deux parties vivent dans un état légal et civil. Car, en entrant dans cet état, elles se garantissent réciproquement la sûreté requise, par l'obéissance commune qu'elles prêtent au Souverain. Mais l'homme ou le peuple qui vit dans l'état de nature, ne donne point cette sûreté, et sans être agresseur il me lèse, il me menace, par cela seul qu'il se trouve à côté de moi dans un état d'anarchie et sans lois, *statu injusto*. Menacé, sans cesse, de sa part, d'hostilités contre lesquelles je n'ai point de garantie, je suis en droit de le contraindre, soit à s'associer avec moi sous l'empire de lois communes, soit à quitter mon voisinage.
Voici donc le principe sur lequel tous les articles suivants sont établis :
Tous les hommes qui peuvent avoir action les uns sur les autres doivent appartenir à une constitution civile quelconque.
Or, toute constitution juridique, considérée quant aux personnes qui en sont l'objet, est :
1°. — Ou conforme au *droit civil* et bornée à un peuple ou Etat (*jus civitatis*) ;

ARTICLES DÉFINITIFS

ARTICLE I.

La Constitution civile de chaque Etat doit être républicaine.

La seule constitution qui dérive directement de l'idée du pacte social sur lequel doit se fonder la législation de tout peuple, est la constitution républicaine (1). Elle seule est établie sur des principes compatibles :

2°. — Ou conforme au *droit des gens* et règlant les relations des peuples ou Etats entre eux (*jus gentium*) ;

3°. — Ou conforme au *droit cosmopolitique*, en tant que les hommes, les Etats, sont considérés comme influant les uns sur les autres en qualité de parties constituantes du grand Etat du genre humain (*jus cosmopoliticum*). Cette division n'est pas arbitraire ; l'idée de la paix perpétuelle la rend nécessaire. Car, supposez que sous l'un de ces trois rapports deux peuples soient à l'état de nature avec une action physique réciproque, aussitôt vous verrez renaître l'état de guerre dont la question est précisément de nous délivrer.

(1) *La liberté légale* et par conséquent extérieure, n'est pas, comme on la définit d'ordinaire, la faculté de faire tout ce qu'on veut, pourvu qu'on ne nuise pas à autrui. En effet, si une *action* n'est possible, juridiquement parlant, qu'autant qu'elle ne nuit à personne, cette définition reviendrait à cette tautologie : On ne fait tort à personne quand on ne fait tort à personne. La liberté juridique extérieure consiste à n'obéir qu'à des lois auxquelles on a pu donner son assentiment. De même, l'égalité juridique dans un Etat, est ce rapport des citoyens entre eux suivant lequel l'un ne saurait obliger l'autre juridiquement, sans que celui-ci ne se soumette aussi à pouvoir être obligé à son tour de la même manière. Le principe de la soumission aux lois étant déjà compris sous l'idée générale d'une constitution, ne demande pas d'explication particulière. L'inviolabilité de ces droits innés et imprescriptibles de l'homme, se manifeste plus glorieusement encore lorsqu'on se représente l'homme en relation avec des êtres d'une

1° Avec la liberté qui doit appartenir à tous les membres d'une société en leur qualité d'hommes ;

2° Avec l'égale soumission de tous à une législation commune comme sujets ;

3° Enfin avec le droit d'égalité qui appartient à tous et à chacun comme membres de l'Etat.

Il n'y a donc que cette constitution qui, relativement au droit, puisse servir de base primordiale à toute constitution civile ; reste à savoir si elle est aussi la seule qui puisse amener la paix perpétuelle.

nature supérieure, comme citoyen d'un monde d'intelligences. Car à commencer par la liberté, les lois de Dieu même, qui ne peuvent m'être révélées que par la raison, ne sont obligatoires pour moi, qu'autant que j'ai pu concourir à leur formation, puisque je ne parviens à connaître la volonté de Dieu que par la loi que ma propre raison oppose à ma liberté, en m'élevant au-dessus de la fatalité des lois de la nature. Quant au principe d'égalité, quelque relevée que soit la nature d'un être, fût-il le plus grand après Dieu, (comme le grand Eon des Gnostiques,) si je fais mon devoir dans le poste qui m'est assigné, comme lui dans le sien, il n'y a pas de raison pour que j'aie exclusivement l'obligation d'obéir, et lui, exclusivement le droit de commander. Ce qui fait que le principe d'égalité n'est pas applicable à Dieu, c'est que de tous les êtres, il est le seul qu'on ne puisse pas se représenter soumis au devoir.

S'agit-il du droit d'égalité commun à tous les citoyens en qualité de sujets ? Pour décider si l'on doit tolérer une *noblesse héréditaire*, il suffira de se demander si la prééminence du rang accordée par l'Etat doit être supérieure au mérite, ou le mérite, au contraire, préférable au rang ? Or, il est évident, que si la dignité tient à la naissance, le mérite sera incertain, et que, par conséquent, il vaudrait tout autant accorder le commandement à un favori dépourvu de tout mérite ; ce qui ne saurait jamais être décrété par la volonté universelle du peuple dans le pacte social, unique fondement de tous les droits. Car si la naissance donne la noblesse du sang, elle ne donne pas, pour cela, la noblesse de l'esprit et du cœur. Il en est autrement de la noblesse ou de la dignité attachées à la fonction que le mérite seul peut conférer. Là le rang n'est pas attaché à la personne mais au poste, et ce genre de noblesse n'altère pas l'égalité parce qu'en quittant le poste on quitte le rang qu'il donnait pour rentrer dans la classe du peuple.

Or, quand j'examine la nature de cette constitution, je trouve qu'outre la pureté de son origine qui se confond avec l'idée même du droit, elle est la seule qui puisse nous faire espérer une pacification permanente. Voici pourquoi et comment :

Suivant cette constitution, il faut que chaque citoyen concoure, par son assentiment, à décider la question : « Si l'on fera la guerre, ou non ». Or, décréter la guerre, n'est-ce pas pour des citoyens décréter contre eux-mêmes toutes les calamités de la guerre. Savoir : la nécessité de combattre en personne ; l'obligation de fournir de leurs deniers propres aux frais de la guerre ; la charge de réparer péniblement les dévastations qu'elle cause, et, pour comble de maux, de supporter finalement tout le poids d'une dette nationale qui rendra la paix elle-même amère, et ne pourra jamais être acquittée, puisque par hypothèse il y aura toujours des guerres nouvelles. Certes les citoyens se garderont bien de précipiter une entreprise aussi hasardeuse. Au lieu que, dans une constitution où les sujets ne sont pas citoyens, c'est-à-dire, qui n'est pas républicaine, une déclaration de guerre est la chose du monde la plus facile à décider, puisqu'elle ne coûte pas au chef, propriétaire et non pas membre de l'Etat, le moindre sacrifice de ses plaisirs de table, de chasse, de campagne, de cour, etc. Il peut donc résoudre une guerre, comme une partie de plaisir, par les raisons les plus frivoles, et en abandonner avec indifférence la justification, qu'exige la bienséance, au corps diplomatique, dont le métier est d'être toujours prêt à fournir cette justification.

Pour prévenir la confusion que l'on fait communément de la constitution républicaine avec la constitution démocratique, il est nécessaire de faire les observations suivantes :

On peut définir et distinguer les Etats, soit d'après le nombre des personnes qui exercent le souverain pouvoir, soit d'après le mode d'administration. La première catégorie se rapporte à la forme de la souveraineté (*forma imperii*), et il ne peut y avoir que trois de ces formes :

L'Autocratie, quand un seul a le pouvoir suprême ;

L'Aristocratie, quand plusieurs partagent ce pouvoir ;

La Démocratie, quand tous les membres de la société l'exercent.

L'autre catégorie s'applique à la forme du gouvernement (*forma regiminis*); c'est le mode constitutionnel, la constitution étant l'acte de volonté générale par lequel une multitude devient peuple, c'est-à-dire le mode suivant lequel le peuple a décidé que s'exercerait son pouvoir. Considérée sous ce rapport, la constitution est ou républicaine, ou despotique. La République est le mode politique, suivant lequel on sépare le pouvoir exécutif (le gouvernement) du législatif. Le despotisme est le mode suivant lequel le chef de l'Etat exécute arbitrairement les lois qu'il s'est données, substituant ainsi sa volonté particulière à la volonté publique. La Démocratie est nécessairement un despotisme, puisqu'elle établit un pouvoir exécutif où tous peuvent décider contre un seul dont l'avis est différent ; la volonté de tous n'y est donc pas exactement celle de tous, ce qui est contradictoire et opposé à la liberté.

Toute forme de gouvernement qui n'est pas représentative, à proprement parler n'est point une forme gouvernementale, le législateur pouvant tout aussi peu se rencontrer en une seule et même personne avec l'exécuteur de sa volonté, que dans un syllogisme, l'universelle de la majeure servir de particulière dans la mineure. Quoique l'aristocratie et l'autocratie soient toujours défectueuses, en ce qu'elles sont affectées du vice dont je parle, elles renferment néanmoins la possibilité d'une administration représentative, ainsi que Frédéric II l'insinuait en disant qu'il n'était que le premier serviteur de l'Etat (1) ; au lieu que la démocratie rend la représentation impossible, chacun voulant y faire le maître. On peut donc assurer que plus le nombre des gouvernants est petit et leur représentation étendue, plus la constitution se rapproche de la République, et plus facilement elle pourra y atteindre par des réformes successives.

Voilà pourquoi il est plus difficile de parvenir à cette forme de gouvernement, la seule qui réponde parfaitement aux droits de l'homme, dans une aristocratie que dans une monarchie, et pourquoi il est même impossible d'y arriver dans un état démocratique, si ce n'est par des révolutions violentes.

Cependant la forme du gouvernement est bien autrement importante pour un peuple que la forme de la souveraineté (2), quoique le rapport plus ou moins

---

(1) On a souvent blâmé, comme des flatteries grossièrement enivrantes, les épithètes sublimes d'Oint du Seigneur, d'Exécuteur de la volonté divine, de Représentant de Dieu, qu'on prodigue aux Souverains. Moi je trouve que ce blâme est sans raison. Loin d'enorgueillir un monarque, ces surnoms doivent l'humilier s'il a quelque esprit, comme on doit pourtant le supposer, et s'il réfléchit qu'il s'est chargé d'une fonction qui excède les forces d'un homme, à savoir, protéger ce que Dieu a de plus sacré sur la terre, les droits de l'homme. Il doit craindre sans cesse d'avoir porté quelqu'atteinte à cette prunelle de l'œil de Dieu.

(2) Mallet du Pan, dans son langage pompeusement vide de sens, prétend être parvenu enfin, après une longue expérience, à se convaincre de la vérité de ce mot connu de Pope : « Laisse les sots disputer sur le meilleur gouvernement ; le mieux adminis-

direct de cette dernière avec le but dont je parle, ne soit rien moins qu'indifférent. Pour être pleinement conforme au principe du droit, il faut que la forme du gouvernement soit représentative. Cette forme seule permet la République ; sans elle le gouvernement est arbitraire et despotique, quelle que soit d'ailleurs la constitution. — De toutes les anciennes soi-disant Républiques, il n'en est aucune qui ait connu ce système ; aussi a-t-il fallu qu'elles aboutissent toutes au Despotisme, quoique au moins insupportable de tous, à celui d'un seul.

Article II.

Le Droit international doit être fondé sur une fédération d'Etats libres.

Il en est des peuples, en tant qu'Etats, comme des individus ; s'ils vivent dans l'état de nature, c'est-à-dire sans lois extérieures, leur voisinage seul est déjà une lésion réciproque, et pour garantir sa sûreté, chacun d'eux peut exiger des autres qu'il établissent d'accord avec lui une constitution garantissant les droits de tous. Ce serait là une *Fédération* de peuples, et non pas un seul et même Etat, l'idée d'Etat supposant

---

tré est le meilleur. » Si cela veut dire : que l'Etat le mieux administré est le mieux administré, il a, pour me servir d'une expression de Swift, cassé une noix pour avoir un ver. Mais si ce mot doit signifier, que dans l'Etat le mieux administré le gouvernement est toujours le meilleur quant à la constitution, rien alors de plus faux ; car des cas de bonne administration ne prouvent rien en faveur d'un mode de gouvernement. — Quelle administration fut meilleure que celle de Titus et de Marc-Aurèle ? Néanmoins l'un eut pour successeur un Domitien, l'autre un Commode ; ce qui n'aurait jamais eu lieu sous une bonne constitution, où l'inaptitude de ces tyrans imbéciles eût été assez tôt reconnue, et le pouvoir du Souverain assez grand pour qu'ils fussent exclus.

le rapport d'un souverain au peuple, d'un supérieur à son inférieur. Or plusieurs peuples réunis en un même Etat ne formeraient plus qu'un seul peuple, ce qui contredit la supposition, vu qu'il s'agit ici des droits réciproques des peuples, en tant qu'ils composent une multitude d'Etats différents qui ne doivent pas se confondre en un seul. Quand nous voyons les sauvages préférer dans leur anarchie les combats perpétuels d'une liberté déréglée à une liberté raisonnable fondée sur un ordre constitutionnel, nous ne pouvons nous empêcher d'envisager avec le plus profond mépris cette dégradation animale de l'humanité, et de rougir de l'avilissement où l'absence de civilisation réduit les hommes ? Combien donc on serait porté à croire que des peuples civilisés, dont chacun forme un Etat constitué, dussent se hâter de sortir d'un ordre de choses aussi honteux ? Mais au contraire, ne voyons-nous pas chaque Etat faire consister sa majesté, (n'est-il pas absurde de parler de la majesté d'un peuple ?) précisément à ne dépendre de la contrainte d'aucune législation extérieure ?

Le Souverain met sa gloire à pouvoir disposer à son gré, sans s'exposer beaucoup lui-même, de plusieurs milliers d'hommes, toujours prêts à se sacrifier pour un objet qui ne les concerne pas (1). La seule différence qui se trouve entre les sauvages d'Amérique et ceux d'Europe, c'est que les premiers ont déjà mangé plus d'une horde ennemie, au lieu que les autres savent tirer un meilleur parti de leurs ennemis ; ils s'en servent pour augmenter le nombre de leurs sujets, c'est-à-dire, pour multiplier les instruments

---

(1) C'est ici que MM. G. Vogt, Tissot et Barni placent la note que nous avons donnée plus haut, page 6.

(Note de l'éditeur).

qu'ils destinent à faire de plus vastes conquêtes. Quand on songe à la perversité de la nature humaine, qui se montre à nu et sans contrainte dans les relations de peuples à peuples, où elle n'est point arrêtée comme elle l'est dans l'état civil par le pouvoir coercitif des lois, on doit s'étonner que le mot de *droit* n'ait pas encore été banni de la politique de la guerre, comme un mot pédantesque, et qu'il ne se soit pas trouvé d'Etat assez hardi pour professer ouvertement cette doctrine. Car jusqu'à présent on a toujours cité bonnement, pour justifier une déclaration de guerre, les Grotius, les Puffendorf, les Vattel et d'autres inutiles et impuissants défenseurs des peuples, quoique leur code, purement philosophique ou diplomatique, n'ait jamais eu et ne puisse jamais obtenir force de loi, puisque les Etats ne sont soumis à aucun pouvoir coercitif commun.

Or il est sans exemple que leurs raisonnements et leur autorité aient décidé un Etat à se désister de ses prétentions. Et cependant cet hommage que rendent ainsi tous les Etats au principe du Droit, ne fût-ce qu'en paroles, prouve du moins une disposition morale, qui, bien qu'assoupie encore dans l'homme, tend néanmoins à dominer en lui le mauvais principe avec une force à laquelle il ne peut entièrement se soustraire. Autrement les Etats qui veulent se faire la guerre ne prononceraient jamais le mot de Droit, si ce n'est peut-être par ironie et dans le sens où l'entendait un prince gaulois : « Le droit, c'est, disait-il, la prérogative accordée par la nature au fort de se faire obéir par le faible. »

Quoi qu'il en soit, les Etats ne peuvent jamais, pour défendre leur droit, engager un procès, et le champ de bataille est le seul tribunal devant lequel ils puissent plaider, mais la victoire ne décide pas le moins du monde la question de droit. Le traité de paix qu'elle amène ne les fait pas non plus sortir de l'état de guerre où ils restent même en quittant les armes, toujours prêts à trouver quelque nouveau prétexte de guerre que nul n'a qualité pour qualifier d'injuste, puisque dans cet état chacun est juge de sa propre cause. Le droit des gens ne pourrait pas même forcer les Etats, comme le droit naturel y oblige les individus, à sortir de cet état de guerre, parce qu'ayant déjà chacun une constitution juridique en tant qu'Etats, ils se sont soustraits à toute contrainte étrangère qui tendrait à établir entre eux un ordre constitutionnel plus compréhensif.

Cependant, du haut de son tribunal, la Raison, législatrice suprême, condamne absolument la guerre comme voie de droit ; elle fait de l'état de paix un devoir immédiat, et comme cet état de paix ne saurait être fondé ni garanti sans un pacte entre les peuples, il en résulte pour eux le devoir de former une alliance d'une espèce particulière, qu'on pourrait appeler *alliance pacifique (fœdus pacificum)*, différant du *traité de paix (pactum pacis)*, en ce qu'une telle alliance terminerait à jamais toutes les guerres, tandis que le traité de paix ne met fin qu'à une seule. Cette alliance n'établirait aucune domination d'Etat à Etat ; son seul effet serait de garantir la liberté de chaque Etat particulier qui participerait à l'association, sans que ces Etats eussent besoin de s'assujétir, comme les hommes qui sortent de l'état de nature, à la contrainte légale d'un pouvoir public.

La possibilité de réaliser une telle fédération, qui peu à peu embrasserait tous les Etats, et qui les conduirait ainsi à une paix perpétuelle, peut être démontrée. Car si le bonheur voulait qu'un peuple aussi puissant qu'éclairé, pût se constituer en République (gouvernement qui, par sa nature, doit incliner à la paix perpétuelle), il y aurait dès lors un centre pour cette alliance fédérative ; d'autres Etats pourraient y adhérer pour garantir leur liberté d'après les principes du droit international, et cette alliance pourrait ainsi s'étendre insensiblement et indéfiniment. Qu'un peuple puisse dire à d'autres peuples : « Il ne doit pas y avoir de guerre entre « nous ; constituons-nous donc en un Etat, c'est-à-« dire, établissons nous-mêmes une puissance législ-« lative, exécutive et judiciaire qui décide souveraine-« ment nos différents. » Voilà qui se conçoit aisément.

Mais si cet Etat se bornait à dire : « Il ne doit point « y avoir de guerre entre moi et d'autres Etats, quoi-« que je ne connaisse pas de pouvoir suprême, qui « garantisse nos droits réciproques » on ne voit plus sur quoi se fonderait cette confiance dans le Droit, si ce n'est sur ce fédéralisme libre, supplément du pacte social, que la raison doit instituer sous le nom de droit des gens, si l'on ne veut que ce terme ne demeure absolument vide de sens.

L'expression droit des gens, prise dans le sens de droit de guerre, ne présente proprement aucune idée à l'esprit ; puisqu'on entend alors par là la faculté de décider du droit, non d'après des lois universelles qui limitent également la liberté de tous les individus, mais d'après des maximes particulières, c'est-à-dire par la force. A moins qu'on ne veuille faire entendre qu'il est juste, que des hommes qui admettent ces principes se dévorent les uns les autres, et ne trouvent la paix éternelle que dans un vaste tombeau qui les engloutisse eux et leurs forfaits.

Aux yeux de la raison, il n'y a donc qu'un seul moyen de tirer les Etats de cette situation violente, où ils sont sans cesse menacés de la guerre, c'est de renoncer, comme le font les particuliers, à la liberté anarchique des Sauvages, pour se soumettre à la contrainte de lois plus générales, et former ainsi un Etat de nations (*civitas gentium*) qui croisse insensiblement et finisse par embrasser tous les peuples de la terre. Or, comme les idées que les Etats se font du droit des gens les empêchent absolument de réaliser ce plan, et leur font rejeter en pratique ce qui est vrai en théorie, on ne peut substituer (si l'on ne veut tout perdre), à l'idée positive d'une République universelle, que le supplément négatif d'une alliance permanente qui puisse détourner la guerre, et s'étendre insensiblement de façon à arrêter le torrent des passions inhumaines qui l'engendrent, mais on sera toujours menacé de voir cette digue se rompre (1) :

> Furor impius intus,
> Fremit horridus ore cruento. (*Virgile*).

Article III.

Le Droit cosmopolitique doit se borner aux conditions d'une hospitalité universelle.

Il s'agit dans cet article, comme dans les précédents, non de philanthropie mais de droit. Hospitalité signifie donc uniquement le droit qu'a chaque étranger de ne pas être traité en ennemi dans le pays où il ar-

---

(1) Il ne conviendrait pas mal à un peuple, la guerre terminée et les actions de grâces pour la paix dûment rendues, de s'imposer un jeûne solennel pour demander pardon à Dieu du crime que l'Etat vient de commettre, et dont les hommes continuent de se rendre coupables, en refusant de se soumettre à une constitution juridique qui règle les rapports des peuples, constitution à laquelle leur orgueilleuse indépendance préfère le moyen barbare de la guerre, sans que personne puisse y trouver ce qu'il y cher-

rive. On peut refuser de le recevoir, si le refus ne compromet point son existence ; mais on ne doit pas agir hostilement contre lui, tant qu'il n'offense personne. Il n'est pas ici question du droit d'être reçu et admis au foyer domestique, l'exercice de ce droit demande des conventions particulières. On ne veut parler que du droit qu'ont tous les hommes de demander aux étrangers d'entrer en société avec eux ; droit fondé sur la possession commune de la surface de la terre, dont la forme sphérique oblige les hommes à se supporter les uns à côté des autres, parce qu'ils ne sauraient s'y disperser à l'infini, et qu'originairement, l'un n'a pas plus de droit que l'autre à une contrée déterminée. La mer et des déserts inhabitables divisent la surface de la terre, mais le vaisseau et le chameau, ce navire du désert, rétablissent la communication, et facilitent à l'espèce humaine l'exercice du droit qu'ont tous ses membres de profiter en commun de cette surface. L'inhospitalité des habitants des côtes (par exemple des Barbaresques), l'usage où ils sont de saisir les vaisseaux qui naviguent dans les mers voisines, ou de réduire à l'esclavage les malheureux qui échouent sur leurs rivages, le droit barbare qu'exercent les Arabes bédouins dans leurs déserts de sable, de piller tous ceux qui approchent de leurs tribus errantes, toutes ces coutumes sont donc contraires au droit naturel qui néanmoins, en ordonnant l'hospitalité, se contente de fixer les con-

che, la jouissance assurée de ses droits. Les actions de grâce qui se rendent durant la guerre, les hymnes qu'on chante, en vrais juifs, au *Seigneur des Armées*, n'en sont pas moins en contradiction avec l'idée morale de « Père des hommes » ; elles annoncent une coupable indifférence pour les principes selon lesquels les peuples devraient maintenir et défendre leurs droits, de plus elles expriment une joie infernale d'avoir tué beaucoup d'hommes, ou anéanti leur bonheur.

ditions sous lesquelles on peut essayer de former des liaisons avec les indigènes d'un pays.

De cette manière, des régions éloignées les unes des autres peuvent contracter des relations amicales, plus tard sanctionnées enfin par des lois publiques, et le genre humain se rapprocher indéfiniment d'une constitution cosmopolitique.

A quelle distance de cette perfection sont encore les nations civilisées, et surtout les nations commerçantes de l'Europe ! A quel excès d'injustice ne les voit-on pas se porter, quand elles vont découvrir, c'est-à-dire conquérir, des pays et des peuples étrangers ! L'Amérique, les pays habités par les nègres, les Iles des épices, le Cap, etc., furent pour les Européens des pays sans propriétaires, parce qu'ils en comptaient les habitants pour rien. Sous prétexte de n'établir dans l'Indoustan que des comptoirs de commerce, ils y débarquèrent des troupes, et par ce moyen ils opprimèrent les naturels du pays, allumèrent des guerres entre les différents Etats de cette vaste contrée, et y répandirent la famine, la rebellion, la perfidie et tout ce déluge de maux qui afflige l'humanité.

La Chine (1) et le Japon, ayant appris par expé-

---

(1) Si l'on veut appeler ce grand empire du nom par lequel ses habitants eux-mêmes le désignent (à savoir *China* et non Sina, ou de quelque autre mot d'une prononciation analogue, on n'a qu'à consulter *Gorgii, Alphab. Thibet.*, p. 651-654, particulièrement à la *note b*. Suivant la remarque du professeur Fischer de Pétersbourg, il n'existe point de nom déterminé que les habitants de ce pays lui donnent. L'appellation la plus usitée est encore le mot *Kin*, qui veut dire *Or* (que les Thibétains appellent *Ser*) d'où le nom de roi de l'or (c'est-à-dire du plus magnifique pays du monde) que l'on donne à l'empereur, et il se peut très bien que dans le royaume même ce mot se prononce *Chin*, mais que les missionnaires italiens l'aient prononcé *Tchin* à cause de la gutturale. On voit par là que le pays appelé par les Romains pays de *Sère*,

rience à connaître les Européens, leur refusèrent sagement, si non l'accès, du moins l'entrée de leur pays, ne faisant d'exception que pour les Hollandais, qu'ils traitent cependant presque en prisonniers, les excluant de toute société avec les habitants. Le pis, ou pour parler en moraliste, le mieux, est que toutes

était la Chine, mais que la soie arriva à l'Europe à travers le *Grand Thibet*, (probablement par le Petit Thibet) et par la Boukarie située au-delà de la Perse. Ce qui à cause des relations de l'Europe avec le Thibet, et par le Thibet avec le Japon, donne lieu à diverses considérations sur l'ancienneté de cet Etat extraordinaire comparée à celle de l'Indostan, tandis que le nom de *Sina* ou de *Tchina* que les voisins doivent donner à ce pays ne mène à rien. Peut-être peut-on expliquer les relations fort anciennes, mais qui n'ont jamais été bien connues de l'Europe avec le Thibet par ce que *Hesychius* nous en a conservé, c'est-à-dire par le cri de Κογξ ὄμπαξ (Konx Ompax) que l'hiérophante faisait entendre dans les mystère d'Eleusis (*Voyage du jeune Anacharsis*, 5ᵐᵉ partie). En effet, d'après *Georgii, Alph. Thibet.*, le mot *Concioa* qui a de l'analogie avec Konx signifie *Dieu*, et *Pa-cio* (ibid., p. 520), que les Grecs peuvent aisément avoir prononcé *pax*, veut dire *promulgator legis*, la divinité répandue par toute la nature (on l'appelait aussi *cencresi*, page 177); mais *Om*, que *La Croze* traduit par *benedictus béni*, ne peut guère, appliqué à la divinité, signifier autre chose que *bienheureux*, page 507. Or, comme le Père *Horatius* qui demandait souvent aux Lamas du Thibet ce qu'ils entendaient par Dieu, (concioar) recevait toujours d'eux cette réponse : « *c'est l'assemblée de tous les Saints,* » (c'est-à-dire des âmes bienheureuses revenues enfin à l'état de divinité par le moyen de la régénération lamaïque, après beaucoup de passages à travers toutes sortes de corps, et changés enfin en *Burchane* c'est-à-dire en êtres dignes d'adoration, p. 223), cette expression mystérieuse *Konx Ompax* doit donc désigner l'être suprême ; Saint (Konx), Bienheureux (Om), et Sage (*Pax*), répandu par tout le monde (la Nature personnifiée). Dans les *mystères* grecs ce mot devait signifier pour les initiés le monothéisme par opposition au polythéisme du peuple, quoique le P. *Horatius, alio loco*, y soupçonne l'athéisme.—Mais comment cette expression mystérieuse est-elle arrivée aux Grecs par le Thibet, c'est ce que l'on peut expliquer de la manière qu'on a vu plus haut, et réciproquement: On rendra par là vraisemblables les relations plus vastes de l'Europe avec la Chine à travers le Thibet, relations qui sont peut-être plus anciennes que celles qu'elle a eues avec *l'Indostan*.

ces violences sont en pure perte ; que toutes les Compagnies de Commerce qui s'en rendent coupables touchent au moment de leur ruine ; que les îles à sucre, ce repaire de l'esclavage le plus cruel et le plus raffiné, ne produisent pas de profit réel, et ne servent qu'indirectement même le dessein peu louable de former des matelots pour les flottes destinées à entretenir la guerre en Europe. Notez que ce calcul et cette pratique sont celles des Puissances qui se targuent le plus de piété et qui, tout en s'engraissant d'iniquités, veulent passer pour élues en fait d'orthodoxie.

Les relations plus ou moins suivies qui se sont établies entre les peuples, étant devenues si étroites, qu'une violation de droits commise en un lieu est ressentie partout, l'idée d'un droit cosmopolitique ne peut plus passer pour une exagération fantaisiste du droit ; elle apparaît comme le couronnement nécessaire de ce code non encore écrit, qui embrassant le droit civil et le droit des gens, doit s'élever jusqu'au droit public des hommes en général, et par là jusqu'à la paix perpétuelle dont on peut se flatter de se rapprocher sans cesse, mais seulement sous les conditions qui viennent d'être indiquées.

SUPPLÉMENTS

PREMIER SUPPLÉMENT.

De la garantie de la paix perpétuelle.

Nous avons pour garant de la paix perpétuelle l'ingénieuse et grande ouvrière, la Nature elle-même. (*Natura dædala rerum*). Son cours mécanique annonce évidemment qu'elle a pour fin de faire naître l'harmonie parmi les hommes, la tirant, fût-ce contre leur intention, du sein même de leurs discordes. Aussi en même temps que nous nommons cette force *Destin* quand nous l'envisageons comme une cause nécessitante dont la loi nous échappe, nous la nommons aussi *Providence*, quand nous considérons l'ordonnance mesurée que nous observons dans la marche des événements, voyant alors en elle la manifestation d'une sagesse profonde et supérieure qui prédétermine le cours des choses et les fait tendre au but objectif et dernier du genre humain. Nous ne *reconnaissons* pas, il est vrai, cette providence dans les arrangements méthodiques de la nature ; nous ne saurions même l'en déduire par le raisonnement, nous ne pouvons que faire la *supposition* de son existence, comme nous le faisons toutes les fois que nous rapportons les formes des choses à quelque fin. Cette hypothèse nous est même nécessaire pour nous faire de la possibilité de l'ordre de la nature une idée analogue à celle que nous avons des opérations de l'art humain. En effet, si l'idée d'un accord entre cette fatalité naturelle et le but moral que la raison nous prescrit immédiatement est téméraire en théorie, en pratique et quand il s'agit, par exemple, de faire servir cet ordre physique du monde à la réalisation du devoir de la paix perpétuelle, cette idée trouve un fondement dogmatique et certain. Comme la raison n'ose appliquer les rapports de causes et d'effets qu'aux objets que l'expérience peut nous faire connaître, il vaut mieux et il est plus sûr d'employer le mot de Nature, quand il s'agit de science et non de religion, plutôt que celui de Providence, qui annonce une prétendue connaissance des secrets de la divinité et un essor aussi téméraire que le fut celui d'Icare, vers le sanctuaire de ses desseins impénétrables. Avant de déterminer la manière dont la Nature garantit la paix perpétuelle, il est nécessaire d'examiner la situation où elle place les personnages qui figurent sur son vaste théâtre, et les mesures qu'elle a prises pour leur rendre cette paix nécessaire.

<small>La note suivante n'existe point dans la traduction publiée par Jansen et Perronneau dont nous suivons le texte. Nous en empruntons la traduction à M. J. Barni.</small>

(Remarque de l'éditeur.)

Dans le mécanisme de la nature auquel l'homme appartient comme être sensible, se montre une forme qui déjà sert de fondement à son existence et que nous ne pouvons nous rendre intelligible qu'en y supposant une fin poursuivie par un auteur du monde qui la prédétermine. Cette prédétermination nous la nommons en général *Providence* divine, et en tant qu'elle est placée au commencement du monde, *Providence créatrice* (*Providentia conditrix ; semel iussit semper parent. Augustin.*) Mais dans le cours de la nature, en tant qu'il s'agit de maintenir cette nature d'après des lois générales de finalité, on l'appelle *Providence régulatrice*, (*Providentia gubernatrix*) ; en tant qu'elle conduit à des fins particulières, mais que l'homme ne peut prévoir et qu'il ne peut que conjecturer d'après le résultat, *Providence directrice* (*Providentia rectrix*), enfin par rapport à des évènements particuliers considérés comme fins divines, nous ne la nommons plus

Voici ses dispositions préparatoires :

1º Elle a mis les hommes en état de vivre dans tous les climats.

2º Elles les a dispersés au moyen de la guerre, afin qu'ils peuplassent les régions les plus inhospitalières.

3º Elles les a forcés par la même voie à contracter des relations plus ou moins juridiques.

Providence mais *Direction* (*Directio extraordinaria.*) Mais la vouloir connaître en ce sens, puisqu'en fait elle tient du miracle quoique les évènements ne s'appellent pas ainsi, c'est une folle prétention de la part de l'homme; car il y a beaucoup d'absurdité et de présomption avec quelque piété et quelque humilité qu'on puisse d'ailleurs s'exprimer à ce sujet, à conclure d'un évènement particulier à un principe particulier de la cause efficiente, en disant que cet évènement est une fin et non simplement une suite naturelle et mécanique d'une autre fin qui nous est tout à fait inconnue. De même encore la division de la Providence considérée matériellement dans son rapport avec des objets existants dans le monde, en *providence générale* et *providence particulière*, est fausse et contradictoire, comme lorsqu'on dit par exemple qu'elle prend soin des espèces mais qu'elle abandonne les individus au hasard, car on l'appelle générale, précisément afin de faire entendre qu'aucune chose particulière n'est exceptée. — On a probablement ici songé à la division de la providence considérée *formellement* d'après le mode d'exécution de ses desseins, savoir en providence *ordinaire* telle que la montre par exemple la mort et la résurrection annuelle de la nature par le changement des saisons, et providence *extraordinaire* qui se manifeste par le charriage du bois que des courants amènent sur des côtes abruptes où il ne peut croître et dont les habitants ne pourraient vivre sans ce secours, auquel cas quoique nous puissions nous expliquer la cause physique et mécanique de ces phénomènes, soit par exemple par la chute des arbres qui couvrent les bords des fleuves des pays tempérés et qui tombés dans ces fleuves sont amenés par les courants, nous ne devons pas cependant omettre la cause téléologique qui nous révèle la sollicitude d'une cause commandant à la nature. — Pour ce qui est de l'idée répandue dans les écoles d'une *assistance* divine ou d'une coopération (*concursus*) à un effet dans le monde sensible, il faut la rejeter absolument. Car il est d'abord contradictoire en soi de prétendre accoupler des choses incompatibles (*gryphes equis*

Que dans les vastes plaines qui bordent la mer glaciale croisse pourtant la mousse destinée à nourrir le renne qui va la chercher sous la neige, de façon à pouvoir lui même nourrir, traîner l'Ostiak et le Samoïède ; qu'ailleurs les sables salés du désert soient rendus praticables au moyen du chameau, qui semble créé précisément pour qu'on puisse les traverser, il y a déjà là de quoi s'étonner. Mais ce but paraît plus marqué encore dans le soin qu'a pris la Nature de placer sur les rivages de la mer glaciale, outre les animaux couverts de fourrures, des phoques, des vaches marines et des baleines, dont la chair fournit de la nourriture et dont la graisse donne de la lumière aux habitants. Mais où l'intention maternelle de la Cause du monde éclate le plus merveilleusement c'est dans la manière singulière dont elle

jungere) et de vouloir que celui même qui est la cause absolue de les tous changements qui arrivent dans le monde, complète pendant le cours du monde sa propre providence prédéterminante, ce qui supposerait qu'elle aurait été défectueuse ; de dire par exemple que le médecin a guéri le malade *après Dieu* et que le premier n'a été que l'aide du second. *Causa solitaria non juvat.* Dieu est l'auteur du médecin et de tous les remèdes ; et si l'on veut remonter jusqu'au principe suprême qui nous est d'ailleurs théorétiquement incompréhensible, il faut lui attribuer l'effet *tout entier*. On peut aussi l'attribuer *tout entier* au médecin en considérant cet évènement, la guérison, comme pouvant être expliqué par l'ordre de la nature dans la chaîne des causes du monde. En second lieu, une telle façon de penser fait disparaître tous les principes déterminés au moyen desquels nous jugeons un effet. Mais, sous le point de vue *moralement pratique* qui est par conséquent tout à fait supra-sensible, par exemple avec la croyance que Dieu réparera, même par des moyens qui nous sont impénétrables, les défauts de notre propre justice, pourvu que notre intention ait été bonne, d'où la conséquence que nous ne devons pas négliger dans nos efforts vers le bien, l'idée du *concursus divin*, cette idée est tout à fait juste et même nécessaire ; seulement il va sans dire, que personne ne doit essayer d'expliquer par là une bonne action comme évènement du monde car cette prétendue connaissance théorétique du supra-sensible est absurde.

fournit, (sans qu'on sache trop bien comment), aux contrées dépourvues de végétation, le bois sans lequel les habitants n'auraient ni canots, ni armes, ni cabanes, assez occupés d'ailleurs à se défendre contre les bêtes féroces pour vivre paisiblement entre eux. Mais probablement la guerre seule les aura poussés dans ces climats. Le premier instrument de la guerre a sans contredit été le cheval, que l'homme aura apprivoisé et dressé pour les combats lorsque la terre se peuplait d'habitants. L'éléphant a servi plus tard au luxe des Etats déjà formés. De même, la culture des diverses sortes de blé, sortis primitivement de graminées inconnues aujourd'hui, la multiplication et le perfectionnement des arbres fruitiers, soit par la transplantation, soit par la greffe, (peut-être n'y a-t-il eu primitivement en Europe que des pommiers et des poiriers sauvages), n'ont pu se faire que lorsqu'une constitution établie assurait à chaque propriétaire la jouissance de ses possessions. Il a fallu auparavant que les hommes, qui vivaient d'abord dans une liberté anarchique, de chasse (1) ou de pêche, eussent passé de la vie pastorale à la vie agri-

(1) Les notes suivantes manquent dans la traduction de Jansen et Perronneau, nous en empruntons le texte à MM. Barni et Tissot. (*Note de l'éditeur*).

De tous les genres de vie, la chasse est sans aucun doute le plus contraire à la civilisation ; car les familles forcées d'abord de s'isoler et de se disperser dans de vastes forêts deviennent bientôt *étrangères* les unes aux autres et même ennemies, chacune ayant besoin d'un grand espace pour se procurer la nourriture et le vêtement. La défense faite à Noé *de répandre le sang humain*, Genèse IX, 4-6 qui souvent renouvelée devint ensuite la condition imposée par les Juifs à l'admission des païens dans le christianisme, *Act. Apostol.* XV, 20, XXI, 25, semble n'avoir été dans le principe que l'interdiction de la vie de *chasse*, puisque l'occasion de manger de la viande crue doit se présenter souvent dans ce genre de vie, et que s'il est défendu de se nourrir de viande crue il doit l'être aussi de vivre de chasse.

cole ; qu'ils eussent trouvé le sel et le fer, (vraisemblablement les deux premiers objets de commerce entre des peuples différents) de façon à lier entr'eux des relations pacifiques et à contracter, même avec les plus éloignés, des rapports de convention et de société.

Or la nature, après avoir mis les hommes en état de vivre partout sur la terre, a voulu si despotiquement qu'ils le fissent, qu'ils obéissent encore à sa volonté quoiqu'à regret et sans y être obligés par une loi morale. La guerre est le moyen qu'elle emploie pour parvenir à cette fin. C'est ainsi qu'elle a séparé des peuples dont l'identité de langage annonce l'identité d'origine. Nous voyons le long des côtes de la mer glaciale les Samoyèdes parler la langue des habitants des monts Altaï, situés à deux cent milles de là ; entre eux se trouve un peuple mongol, cavalier et par conséquent belliqueux ; n'est-il pas probable que ce peuple aura poussé les Samoyèdes jusque dans les glaces inhospitalières où ils n'auraient assurément pas pénétré de leur propre mouvement (1) ? Il en est de même des Finlandais qui, à l'extrémité septentrionale de l'Europe, s'appellent Lapons. Ils ont été séparés par des peuples Goths et Sarmates des Hongrois, qui malgré leur éloigne-

(1) Mais pourrait-on dire : si la nature a voulu que ces côtes de glace ne soient pas inhabitées, que deviendront leurs habitants si un jour comme il faut s'y attendre elle ne leur charrie plus de bois ? Car il est à croire qu'avec le progrès de la civilisation les habitants des pays tempérés utiliseront mieux le bois qui croît sur les rives de leurs fleuves, ne le laisseront plus tomber dans l'eau qui ne le portera plus à la mer. Je réponds que les peuples qui sont sur les bords de l'Obi, de la Lena, de la Ienissei, etc., etc. leur feraient parvenir du bois par le commerce, et tireraient d'eux en échange les produits animaux qui abondent dans la mer de ces parages, et cela quand la nature les aurait une fois contraints à devenir amis.

ment se rapprochent d'eux par la conformité de leur langue. Qu'est-ce qui pourrait bien avoir porté au Nord de l'Amérique les Esquimaux, cette race d'hommes toute différente de celles du Nouveau-Monde, qui descend peut-être de quelques aventuriers européens, et au Sud, jusque dans l'Ile de Feu, les Pescherès, si ce n'est la guerre dont la nature se sert pour peupler toute la terre ?

Quant à la guerre même, elle n'a besoin pour naître d'aucun motif particulier ; elle semble avoir sa racine dans la nature humaine, si bien qu'elle passe même pour un acte noble auquel doit nous porter le seul amour de la gloire sans aucun motif d'intérêt. Ainsi, parmi les sauvages de l'Amérique, comme en Europe pendant les siècles de chevalerie, la valeur militaire est en grand honneur, non-seulement durant la guerre comme il serait juste, mais même comme poussant à ces guerres qu'on entreprend uniquement pour se distinguer ; de sorte qu'on attache une sorte de dignité à la guerre elle-même, et qu'il se trouve jusqu'à des philosophes, qui en font l'éloge comme d'une des plus nobles prérogatives de l'humanité, oubliant ce mot d'un Grec : « La guerre est un mal, en ce qu'elle fait plus de méchants qu'elle n'en emporte. »

Mais en voilà assez sur les mesures que la Nature prend pour conduire le genre humain, considéré comme formant une classe d'animaux, au but qu'elle s'est proposé.

Il s'agit maintenant d'examiner ce qu'il y a de plus essentiel relativement à la paix perpétuelle, à savoir ce que la nature fait pour cette paix, comment elle favorise les vues morales de l'homme et garantit l'exécution des lois que la raison prescrit à celui-ci ; tellement que tout ce que l'homme serait tenu de faire librement d'après le droit civil, public et cosmopolitique, il soit, s'il le néglige, forcé à le faire par une contrainte de la nature, sans préjudice cependant pour sa liberté.

Quand je dis que la nature veut qu'une chose arrive, cela ne signifie pas qu'elle nous fait un devoir de faire arriver cette chose, il n'y a que la raison pratique qui puisse prescrire à des êtres libres des lois sans les contraindre, mais cela veut dire que la nature fait elle-même la chose, que nous la voulions ou non.

Fata volentem ducunt, nolentem trahunt.

Lors même que des discordes intestines ne forceraient pas un peuple de s'assujétir à la contrainte des lois, il s'y trouverait réduit par la pression extérieure de la guerre : la nature ayant placé, comme nous l'avons vu, à côté de chaque peuple un autre peuple voisin qui le presse, et l'oblige à se constituer en Etat pour former une puissance capable de s'oppposer à ses entreprises. Or la constitution républicaine, la seule qui soit totalement conforme aux droits de l'homme, se trouve précisément être la plus difficile à établir et à maintenir ; le pis est qu'il faudrait, comme on l'a dit, des anges, et non des hommes dominés par des penchants égoïstes pour réaliser une forme de gouvernement si sublime. Mais c'est ici que la nature se sert même de ces penchants intéressés pour donner à la volonté générale, sans déroger au respect qu'elle doit à la raison sur laquelle elle est fondée, l'efficace pratique qui lui manque. Il ne s'agit que d'organiser l'Etat (et cela n'est pas au-dessus des forces humaines), de telle façon que l'action et la réaction des divers penchants en modère ou en anéantisse l'effet, et les rendant nuls pour la raison, force l'homme à devenir sinon moralement bon, du moins bon citoyen.

Le problème d'une constitution, s'agit-il d'un peuple de démons (qu'on me pardonne ce qu'il y a de choquant dans l'expression), n'est pas impossible à résoudre, pourvu que ce peuple soit doué d'entendement. Voici comment on peut établir cette thèse : « Une multitude d'êtres raisonnables souhaitent tous, « pour leur conservation, des lois universelles, quoi- « que chacun d'eux ait un penchant secret à s'en ex- « cepter lui-même. Il s'agit de leur donner une cons- « titution qui enchaine tellement, l'une par l'autre, « leurs passions personnelles, que dans leur conduite « extérieure l'effet de ces passions soit aussi insen- « sible que s'il n'avaient pas du tout ces dispositions « mauvaises. » Pourquoi ce problème serait-il insoluble ? Il n'exige pas qu'on obtienne l'effet désiré d'une réforme morale des hommes. Il demande uniquement que l'on recherche comment on pourrait tirer parti du mécanisme de la Nature, pour diriger tellement la contrariété des intérêts personnels, que tous les individus qui composent un peuple, se contraignent les uns les autres à se ranger sous le pouvoir coercitif d'une législation, en créant ainsi un Etat de paix établi sur des lois.

Quelqu'imparfaite que soit l'organisation des Etats actuels, ils nous offrent néanmoins une preuve de ce que j'avance. Dans la conduite extérieure, on y approche assez de ce qu'exige l'idée du droit, quoique les principes intrinsèques de la morale n'y contribuent assurément en rien, et ne doivent même pas y contribuer, puisque ce n'est pas à la morale d'amener une bonne constitution, mais à celle-ci de produire la réforme morale des hommes. L'exemple cité fait voir suffisamment que le mécanisme de la Nature, suivant lequel des penchants intéressés doivent se combattre réciproquement jusque dans leurs effets, peut servir cependant de moyen à la raison pour ménager, aux principes du droit la prépondérance vers laquelle elle tend, et à l'Etat l'établissement et le maintien assuré d'une paix extérieure et même intérieure. La nature veut donc d'une manière irrésistible que le droit soit à la fin le maître, et ce qu'on néglige de faire elle le fait elle-même, quoique par des moyens très déplaisants.

Vous pliez d'un roseau le fragile soutien ;
Courbez trop, il rompra. Qui veut trop, ne veut rien.

(BOUTERWECK.)

L'idée du droit des gens suppose l'indépendance réciproque de plusieurs Etats voisins et séparés ; et quoique cette situation soit par elle-même un état de guerre, à moins qu'une union fédérative n'empêche les hostilités, la raison préfère pourtant cette coexistence des Etats à leur réunion sous une puissance supérieure aux autres qui parviendrait à la fin à la monarchie universelle. Car les lois perdent toujours en énergie ce que le gouvernement gagne en étendue, et [...] me, qui tuant les âmes y étouffe les germes du bien, dégénère tôt ou tard en anarchie.

Cependant il n'est point d'Etat dont le chef ne désirât s'assurer une paix durable par la conquête de l'univers entier, si cette conquête était possible. Mais la nature s'y oppose. Elle se sert de deux moyens pour empêcher les peuples de se confondre : la diversité des langues et la diversité des religions (1).

(1) *Diversité des religions,* expression bien singulière ; c'est précisément comme si l'on parlait d'une diversité de morales. Il peut bien y avoir diverses espèces de foi historique touchant des

Cette diversité renferme, il est vrai, le germe de haines réciproques et fournit même souvent un prétexte à la guerre, mais à mesure que les hommes se rapprochent dans leurs principes par l'effet des progrès de la civilisation, la diversité des langues et des religions amène et assure une paix fondée, non pas comme celle où aspire le despotisme, sur la mort de la liberté et sur l'extinction de toutes les forces, mais sur l'équilibre que ces forces gardent entr'elles malgré la lutte qui résulte de leur opposition.

Si la nature sépare sagement les peuples que chaque Etat voudrait confondre, soit par ruse, soit par force, et cela d'après les principes mêmes du droit des gens, elle se sert, au contraire, de l'esprit d'intérêt de chaque peuple pour opérer entr'eux une union, que l'idée seule du droit cosmopolitique n'aurait point suffisamment garantie de la violence et des guerres. Je parle de l'esprit de commerce qui s'empare tôt ou tard de chaque nation et qui est incompatible avec la guerre. La puissance pécuniaire étant de toutes celle qui donne le plus de ressort aux Etats, ils se voient obligés de travailler au noble ouvrage de la paix, quoique sans aucune vue morale ; et quelque part que la guerre éclate, de chercher à l'instant même à l'étouffer par des médiations, comme s'ils avaient contracté à cet effet une alliance perpétuelle ; les grandes associations pour la guerre étant naturellement rares et encore plus rarement heureuses. C'est

---

évènements relatifs non à la religion mais à son établissement et qui sont du ressort du savant ; il peut également y avoir différents *Livres de religion,* (le Zendavesta, les Vedas, le Coran, etc.) ; mais il y a une seule religion vraie pour les hommes et pour tous les temps. Les cultes, les livres ne peuvent être que des moyens variables qui servent de véhicule à la religion, et qui changent suivant les temps et les lieux.

ainsi que la Nature garantit, par le moyen même de l'engrenage des penchants humains, la paix perpétuelle, et quoique l'assurance qu'elle nous en donne ne suffise pas pour la prophétiser théoriquement, elle empêche, du moins, de la regarder comme un but chimérique, et nous fait par là même un devoir de travailler à la réaliser.

DEUXIÈME SUPPLÉMENT (1).

ARTICLE SECRET D'UN TRAITÉ DE PAIX PERPÉTUELLE.

Il serait contradictoire de faire entrer dans les traités de droit public un article secret quant à son objet, mais il peut très bien s'y trouver des articles secrets subjectivement, c'est-à-dire quant à la qualité des personnes qui les dictent et qui craindraient de compromettre leur dignité, si elles s'en déclaraient ouvertement les auteurs. Ici le seul article de ce genre sera le suivant :

« *Les maximes des philosophes sur les conditions qui rendent possible la paix perpétuelle doivent être consultées par les Etats armés pour la guerre.* »

Certes, il peut paraître humiliant pour l'autorité législative d'un Etat, auquel il faut naturellement attribuer la plus haute sagesse, d'avoir à s'instruire des règles à observer dans ses relations avec d'autres Etats, auprès des philosophes ses sujets ; cependant il est très sage de le faire. L'Etat invitera donc tacitement les philosophes à donner leur avis : c'est-à-dire, que faisant mystère de l'intention qu'il a de suivre ces avis, il leur permettra de publier librement les maximes générales qui concernent la guerre et la

---

(1) Ce deuxième supplément ne se trouvait point dans la première édition de l'*Essai sur la paix perpétuelle*. Kant ne l'a introduit que dans la deuxième qui parut en 1796.

Note de l'éditeur.

paix ; car ils ne manqueront point de parler, pourvu seulement qu'on ne leur impose pas silence. Il n'est pas non plus besoin d'une convention particulière des Etats pour s'accorder sur ce point, puisque l'obligation qui leur est imposée découle des principes universels de la raison législative.

On ne prétend point pour cela que l'Etat doive accorder aux principes du philosophe la préférence sur les décisions du jurisconsulte, ce représentant du souverain ; on demande seulement que le philosophe soit *écouté*. Le jurisconsulte qui a choisi pour symbole, outre la *balance* du droit, le *glaive* de la justice, ne se sert pas toujours du dernier uniquement pour écarter de la première toute influence étrangère ; si l'un des bassins ne penche pas du côté qu'il veut, il y place le glaive ; *Væ victis!* c'est une tentation à laquelle la moralité du jurisconsulte se trouve exposée s'il n'est pas en même temps philosophe. En effet, sa vocation l'appelle à appliquer des lois positives, non à examiner si ces lois auraient besoin de réforme. Et quoique ses fonctions soient par cela même d'une infériorité bien évidente, néanmoins, parce que la Faculté de Droit se trouve revêtue de pouvoirs aussi bien que celles de Théologie et de Médecine, le jurisconsulte assigne à la sienne un des premiers rangs, et la Faculté philosophique est forcée par ces puissances coalisées de se contenter d'une place bien inférieure. La philosophie, dit-on, n'est que la *servante* de la théologie. Les autres facultés ont vis-à-vis d'elle la même prétention. Mais on se garde bien d'examiner si cette servante précède sa dame, le flambeau à la main, ou si elle ne fait que lui porter la queue.

Que les Rois deviennent philosophes, ou que les philosophes deviennent Rois, on ne peut guère s'y attendre. Il ne faut même point le souhaiter, parce que la jouissance du pouvoir corrompt inévitablement la raison, et altère la liberté du jugement. Mais il faut désirer que les rois, et les peuples rois, c'est-à-dire, les peuples qui se gouvernent eux-mêmes d'après la loi d'égalité, ne souffrent pas que la classe des philosophes soit réduite à disparaître ou à se taire ; on doit lui permettre au contraire de se faire entendre librement ; voilà ce qu'exige l'administration du gouvernement qui ne saurait s'environner d'assez de lumières. D'ailleurs, la classe des philosophes, incapable par sa nature de trahir la vérité pour se prêter aux vues intéressées des clubistes et des meneurs, ne risque pas de se voir soupçonnée de *propagandisme*.

APPENDICE.

I. *De l'opposition qui se trouverait entre la morale et la politique au sujet de la paix perpétuelle.*

La Morale a déjà par elle-même un objet pratique, puisqu'elle est l'ensemble des lois absolues d'après lesquelles nous devons agir. Il est donc absurde d'accorder à l'idée du devoir toute son autorité, et de prétendre, néanmoins, que ce devoir est d'un accomplissement impossible, ce qui anéantirait l'idée même du devoir (*ultra posse nemo obligatur*). La Politique, en tant qu'elle est une pratique du droit ne saurait donc être en contradiction avec la morale considérée comme étant la théorie de ce même droit : (ce qui revient à dire qu'il n'y a point d'opposition entre la théorie et la pratique) ; à moins qu'on n'entende par morale l'ensemble des règles générales de la prudence, soit la théorie des moyens les plus propres à remplir des vues d'intérêt personnel ; c'est-à-dire à moins qu'on ne rejette entièrement toute idée de morale.

La Politique dit : « Ayez la prudence du serpent ; la Morale y ajoute cette restriction : et la simplicité (la sincérité) de la colombe. » Si ces deux maximes ne peuvent entrer dans un même précepte, la Politique sera réellement en opposition avec la Morale ; mais s'il est absolument nécessaire que ces deux qualités se trouvent réunies, l'idée du contraire est absurde, et l'on ne peut plus même proposer comme problématique la question : Comment accorder la politique avec la morale. Quoique cette proposition : « l'honnêteté est la meilleure politique » annonce une théorie, trop souvent hélas ! démentie par la pratique, aucune objection n'atteindra jamais celle-ci : « L'honnêteté vaut mieux que toute politique, elle en est même la condition essentielle. La Divinité titulaire de la morale ne le cède pas à Jupiter, ce Dieu de la puissance ; or ce dieu est soumis au destin ; cela veut dire que la raison n'est pas assez éclairée pour embrasser toute la série des causes déterminantes, dont la connaissance la mettrait en état de prévoir avec certitude les suites heureuses ou malheureuses que le mécanisme de la nature fera résulter des actions humaines, quoique nous les connaissions assez pour espérer que la fin en sera conforme à nos vœux. Mais ce que nous avons à faire pour rester fidèles au devoir et pour suivre les règles de la sagesse, voilà ce que doit nous apprendre la raison ; et c'est sur quoi elle nous fournit à tous les plus vives lumières.

Or, l'homme pratique pour qui la morale n'est qu'une simple théorie, tout en reconnaissant l'existence du devoir et le pouvoir que nous avons de l'accomplir, prétend néanmoins nous ravir le consolant espoir qui nous anime : telle est, dit-il, la nature de l'homme, que jamais il ne voudra ce qui serait nécessaire pour réaliser la paix perpétuelle.

Il ne suffit pas, sans doute, pour atteindre ce but, que chaque individu veuille vivre d'après des principes de liberté sous une constitution légale, ou, pour me servir des termes de l'école, qu'il y ait « unité distributive de la volonté de tous ; il faut encore que tous ensemble veuillent cet état ; » qu'il y ait « unité collective des volontés combinées, » pour faire un tout de la société civile. Il est donc nécessaire qu'une cause unisse les volontés individuelles de tous, de façon qu'il y ait volonté générale. Or, aucun individu ne pouvant réaliser cette union, puisqu'il n'a lui, qu'une volonté particulière, il ne restera d'autre moyen de réaliser pratiquement un Etat constitutionnel que la force, sur laquelle on fonde ensuite le droit public. Par conséquent il faut s'attendre à voir, dans l'exécution de cette idée, l'expérience s'écarter beaucoup de la théorie ; car on ne peut guère espérer que le législateur ait assez de moralité, pour qu'après avoir transformé en peuple une horde de sauvages, il abandonne à la volonté générale de ce peuple l'établissement d'une constitution. Quand on a une fois le pouvoir en mains, on ne se laisse pas faire la loi par le peuple. Un Etat parvenu une fois à l'indépendance, ne consentira pas à laisser à la décision d'autres Etats la manière dont il doit soutenir ses droits contre eux. Toute partie du monde qui se sent supérieure à une autre, ne négligera jamais d'agrandir sa puissance en se soumettant celle qui lui est inférieure en force. Et ainsi s'évanouissent tous les beaux plans de droit civil, public et cosmopolitique, qui ne paraissent plus que des théories chimériques ; tandis qu'une pratique, fondée sur des principes déduits de la connaissance de la nature humaine et qui ne rougit pas d'emprunter ses maximes à l'usage du monde, semble seule pouvoir espérer de poser sur un fondement inébranlable l'édifice de sa politique.

Je l'avoue, s'il n'y a ni liberté, ni loi morale qui en découle, si tout ce qui est, si tout ce qui peut arriver, n'est qu'un simple mécanisme de la nature, dans cette hypothèse toute la science pratique se réduira à la politique, c'est-à-dire, à l'art de faire usage de ce mécanisme pour gouverner les hommes ; l'idée du devoir ne sera plus alors qu'une chimère. Mais si au contraire, c'est une nécessité que de combiner cette idée de devoir avec la politique, d'en faire même une condition restrictive de celle-ci, dès lors il faut convenir de la possibilité de leur combinaison. Or je puis très bien me représenter un *Politique moral*, c'est-à-dire un homme d'Etat qui n'agira que d'après des principes avoués par la morale, au lieu que je ne saurais me faire une idée d'un *Moraliste politique*, qui accommode la morale aux intérêts de l'homme d'Etat.

Le Politique moral aura pour principe : que s'il s'est glissé des défauts, soit dans la constitution d'un Etat, soit dans les rapports des Etats entre eux, le principal devoir des chefs est d'y faire aussitôt des amendements conformes au droit naturel établi sur la raison, dussent-ils même sacrifier à ces changements leurs propres intérêts. Non point qu'ils doivent rompre violemment les liens de la société civile et cosmopolitique avant même que d'avoir une meilleure forme à substituer à l'ancienne, une opération aussi brusque n'est pas moins désavouée par la morale que par la politique, mais ce qu'on peut exiger des gouvernants, c'est qu'ils aient toujours devant les yeux le devoir d'opérer ces réformes, et de tendre par des progrès continuels vers la meilleure constitution possible. Un Etat peut avoir un gouvernement républicain, lors même qu'il laisse encore subsister le pouvoir despotique d'un maître, jusqu'à ce que le peuple cède enfin à la seule autorité de la loi comme si elle avait une puissance physique et qu'il soit devenu capable d'être son propre législateur ainsi que son droit primitif l'exige. Quand même une révolution violente, nécessitée par les vices du gouvernement, aurait amené par des voies injustes un meilleur ordre de choses, il ne serait plus permis de faire rétrograder le peuple vers son ancienne constitution, quoique chacun de ceux qui pendant la durée de cette révolution y ont participé ouvertement ou clandestinement, aient encouru le juste châtiment de la rebellion. Quant aux relations extérieures des Etats, on ne saurait prétendre qu'une nation renonce à sa constitution, (fût-elle même despotique, et par conséquent la plus redoutable aux ennemis du dehors), aussi longtemps qu'elle se trouve exposée au danger d'être absorbée par d'autres Etats. Il faut donc que cette réforme puisse également être renvoyée à une époque plus favorable (1).

Il se peut que les Moralistes despotiques violent plus d'une fois les règles de la politique dans les mesures qu'ils prennent ou proposent avec trop de précipitation, mais l'expérience les ramènera bientôt dans les voies de la nature. Au lieu que les Moralistes politiques qui accommodent la morale à leurs desseins en contestant à la nature humaine la faculté d'obéir à la raison morale, favorisent des maximes d'Etat incompatibles avec le droit, et s'efforcent véritablement de rendre impossible toute réforme et d'éterniser la violation du droit.

---

(1) Telles sont les lois permissives données par la raison. On peut différer l'abolition d'un droit injuste jusqu'à ce que tout se soit préparé de soi-même pour une régénération, ou que la maturité soit amenée par des voies pacifiques. Car une constitution juridique, quoiqu'imparfaite, vaut mieux que l'anarchie qui résulterait infailliblement d'une réforme précipitée. La sagesse politique se fera donc un devoir de réformer l'état actuel des choses conformément à l'idéal du droit public, mais elle ne se servira point des révolutions que la nature des choses peut amener, pour s'autoriser à une oppression plus tyrannique encore, elle en profitera, au contraire, pour établir par des réformes solides, sur des principes de liberté, une constitution légale, la seule qui soit de durée.

Loin de posséder cette science pratique dont ils se vantent, ces habiles politiques n'ont que la pratique des affaires. Uniquement occupés à encenser le pouvoir dominant, parce que leur intérêt personnel y gagne, ils descendent à des manœuvres pour le succès desquelles ils sacrifieraient le peuple et bouleverseraient le monde entier, s'il leur était possible. Voilà ce qui arrive à tous les jurisconsultes de profession, je ne parle pas bien entendu de ceux qui font la législation. Sans raisonner sur les lois, ils sont obligés de les exécuter ; les dernières parues sont donc toujours pour eux les meilleures, et rien ne les fait sortir de l'ordre mécanique auquel ils sont habitués. Néanmoins la facilité qu'ils ont acquise de se prêter à toutes les circonstances leur inspire la vanité de croire qu'ils peuvent aussi juger des principes universels du droit et du gouvernement. La multiplicité de leurs relations leur fait faire la connaissance d'un grand nombre d'hommes et ils prennent cette connaissance pour la connaissance de l'*homme*, quoi qu'il y ait une grande différence entre les deux, et qu'il faille pour acquérir la dernière, envisager l'homme et ses facultés d'un point de vue plus relevé. Fiers de leur esprit d'observation, s'élèvent-ils jusqu'au droit civil et public ? Ils ne pourront y porter que l'esprit de chicane ; ils appliqueront leurs procédés mécaniques là même où ils ne trouvent pas de lois despotiques, et où la raison ne tolère d'autre contrainte que celle d'une liberté légale, seul et unique fondement d'une constitution capable de garantir le droit. C'est à quoi réfléchit sans doute très peu le praticien ; il s'imagine pouvoir puiser toutes ses notions dans l'expérience, et sans vouloir rien demander à la raison, il veut que les Constitutions qui ont passé jusqu'ici pour les meilleures, quoi qu'elles aient presque toutes violé le droit, nous donnent l'idée de la meilleure Constitution possible.

Voici quelques-uns des sophismes par lesquels il se laisse guider et c'est à quoi se réduit à peu près tout son savoir faire :

1° *Fac et excusa.* — Saisis l'occasion favorable de t'emparer d'un droit sur ton propre Etat, ou sur l'Etat voisin. Après l'action, la justification pourra se faire avec bien plus de facilité et d'élégance, surtout au cas où le pouvoir suprême est en même temps le législateur auquel il faut obéir sans raisonner. Il vaut bien mieux commettre l'acte de violence et l'excuser ensuite, que de rechercher péniblement des raisons convaincantes, et de perdre du temps à écouter les objections. Cette hardiesse même annonce une sorte de conviction de la légitimité de l'action, et le Dieu du succès (*Bonus Eventus*) est ensuite le meilleur avocat.

2° *Si fecisti nega.* — Nie tout ce que tu as commis. Si tu as, par exemple, porté ton peuple au désespoir, et ainsi à la révolte, n'avoue pas que ce soit ta faute. Mets tout sur le compte de l'obstination des sujets. As-tu pris possession d'un Etat voisin, soutiens qu'il faut s'en prendre à la nature de l'homme, qui s'il ne s'empare point d'abord du bien d'autrui est certainement dépouillé par son prochain.

3° *Divide et impera.* — Y a-t-il chez un peuple certains chefs privilégiés, qui t'ont conféré le pouvoir souverain (*primus inter pares*) : divise les entr'eux, tâche de les brouiller avec le peuple. Favorise ce dernier et promets-lui plus de liberté ; ta volonté aura bientôt force de loi absolue. Tes vues se portent-elles sur des Etats étrangers ? Excite entre eux des discordes ; et, sous prétexte d'assister toujours le plus faible, tu pourras te les assujétir tous, les uns après les autres.

Personne, il est vrai, n'est plus dupe de ces maximes trop universellement connues pour en imposer encore. Mais il n'est pas non plus question d'en avoir honte comme si leur injustice était trop sensible. De grandes Puissances ne rougissent que du jugement qu'elles portent l'une sur l'autre, et non de celui du vulgaire. D'ailleurs, comme elles vont toutes de pair relativement à la moralité de leurs maximes, elles ne rougissent pas de l'imputation, mais seulement de l'insuccès. Il leur reste toujours l'honneur politique, qu'on ne peut pas leur disputer, savoir : l'agrandissement de leur pouvoir de quelque manière qu'elles l'aient effectué (1).

(1) Si l'on doute encore du fonds de perversité qui paraît enraciné dans les hommes réunis en société ; si l'on impute même avec quelque vraisemblance à un manque de civilisation les phénomènes d'immoralité qu'ils manifestent, cette malice se montre évidemment dans les relations des Etats entre eux. Dans l'intérieur de chaque Etat elle est voilée par la contrainte des lois civiles, le penchant à des actes réciproques de violence se trouve comprimé chez les citoyens par la force plus puissante du gouvernement. Non seulement cela répand sur la société entière une apparence de moralité, mais cela facilite même effectivement le développement des facultés morales, en mettant une digue à l'effervescence des penchants illégitimes, et en préparant ainsi les hommes à respecter le droit pour lui-même. En effet chacun s'imagine volontiers qu'il respecterait bien l'idée sacrée du droit, s'il était sûr qu'elle ne fût pas violée par les autres envers lui. Or le gouvernement qui donne en partie cette certitude à chacun ouvre par là les voies à la moralité, et quoiqu'il ne fasse pas respecter l'idée même du droit, il conduit néanmoins à ce respect immédiat et désintéressé qui fait observer le devoir sans espérance de retour. Il est vrai qu'en même temps que chacun a bonne opinion de soi-même, il suppose toujours à autrui des dispositions mauvaises. De là, la condamnation que les hommes prononcent les uns contre les autres, déclarant que dans le fait tous ne valent pas grand chose. Nous n'examinerons pas ici d'où peut résulter cette dépravation générale, puisqu'on ne

**

Tous ces détours où s'engage une politique immorale pour conduire les hommes de l'état de guerre qui est l'état de nature à l'état de paix, prouvent du moins, que, ni dans leurs relations personnelles, ni dans leurs rapports publics, les hommes ne sauraient se refuser à l'idée du droit ; qu'ils ne hasardent pas de fonder la politique sur de simples artifices de prudence, ni par conséquent de se soustraire à l'idée d'un droit universel ; qu'ils lui témoignent au contraire tous les égards possibles, surtout en matière de droit des gens, alors même qu'ils imaginent des subterfuges et des palliatifs à l'infini, pour y échapper dans la pratique, et que par une grossière erreur, ils attribuent l'origine et le maintien du droit à la force aidée de la ruse. Eh bien ! mettons fin, sinon à l'injustice elle-même, du moins aux sophismes dont on se sert pour la voiler ; forçons les perfides représentants des Puissances d'avouer qu'ils ne plaident pas en faveur du droit mais de la force, dont on retrouve l'accent jusque dans leur ton impérieux, comme si leur pouvoir s'étendait jusqu'à commander à la vérité.

Pour y parvenir détruisons le prestige qui abuse les esprits ; remontons jusqu'au principe qui nécessite une paix perpétuelle, et montrons que le mal qui met obstacle à l'établissement de cette paix vient de ce que le Moraliste politique commence là où doit

---

saurait en accuser la nature de l'homme qui est libre. Nous dirons seulement que puisque l'idée du Droit, à laquelle personne ne peut refuser le respect, implique expressément la supposition que chacun peut la réaliser, chacun sent bien qu'il doit s'y conformer, sans s'embarrasser de ce que font les autres.

réellement finir le Politique moral, et qu'en subordonnant ainsi les principes au but, ce qui s'appelle mettre la charrue avant les bœufs, il nuit à sa propre cause, et se met lui-même dans l'impuissance d'accorder la politique avec la morale.

Décidons d'abord une question générale d'où dépend l'unité de la philosophie pratique. Pour résoudre les problèmes proposés à la raison pratique, faut-il commencer par examiner le but matériel qu'on se propose, par exemple, l'avantage et le bonheur qui résulteraient de l'action qui est l'objet de la volonté ? ou bien, mettant à l'écart tous ces rapports sensibles, doit-on simplement s'attacher au principe formel, c'est-à-dire, à la condition sous laquelle la liberté peut s'exercer au dehors ? principe énoncé dans cette loi : *Agis de manière que tu puisses vouloir que la maxime d'après laquelle tu te détermines, devienne une loi générale quel que soit le but que tu te proposes.*

Il est indubitable qu'il faut commencer par le principe formel, puisqu'en qualité de principe de droit, il renferme une nécessité absolue, tandis que le principe matériel ne crée qu'une nécessité conditionnelle, et suppose seulement qu'on veut atteindre un but déterminé ; or quand ce but serait lui-même un devoir comme par exemple la paix perpétuelle, il faudrait pourtant qu'il eût été déduit du principe formel des actions libres.

Or ici, le problème d'un droit civil, public et cosmopolitique, n'est pour le Moraliste politique, qu'un problème technique, au lieu que pour le Politique moral il est un problème moral. L'un et l'autre auront donc une route bien différente à suivre pour établir la paix perpétuelle, considérée, par l'un comme un simple bien physique, par l'autre comme un résultat nécessité par le devoir.

Il faut au premier, c'est-à-dire au Moraliste politique, une connaissance bien vaste, bien étendue de la nature, puisqu'il doit en faire servir le mécanisme à l'obtention de son but politique ; or quelqu'étendue que soit cette connaissance, le résultat de toute sa prudence laissera toujours la paix perpétuelle dans l'incertitude. Parcourez, pour vous en convaincre, les trois espèces de droit public. Quel est le moyen le plus propre à maintenir le peuple dans l'obéissance et dans la prospérité ? Est-ce la sévérité, ou l'appât des distinctions qui flattent la vanité ? Sera-ce la puissance d'un seul, ou la réunion de plusieurs chefs ? Une noblesse de robe, ou le pouvoir du peuple ? Rien de plus incertain. Car l'histoire nous fournit des exemples favorables à toutes les formes de gouvernement, à l'exception de celle qui est vraiment républicaine, laquelle aussi ne peut entrer que dans l'esprit du Politique moral. Il règne plus d'incertitude encore dans ce prétendu droit public fondé sur des protocoles rédigés par des ministres plénipotentiaires, mot vide de sens, qui ne désigne que des actes conventionnels, conclus tous avec la restriction mentale de leur violation.

Il en est tout autrement du problème que se pose le Politique moral. Ici la solution vient, en quelque sorte, s'offrir d'elle-même à l'esprit, chacun en reconnaît l'évidence. Elle fait rougir le Moraliste politique de l'inutilité de ses manœuvres. Elle conduit immédiatement au but, quoique par des progrès insensibles, sans violence et sans précipitation.

C'est ici que s'applique cette parole : Cherchez premièrement le règne de la pure raison pratique et la justice ; votre but (le bienfait de la paix perpétuelle) vous sera donné par surcroît. Car telle est la prérogative de la Morale, surtout en matière de droit public, et par conséquent, dans sa politique à priori que moins elle vise dans la pratique au but proposé, c'est-à-dire à l'avantage physique ou moral qu'on a en vue, et plus directement elle y conduit. Car, en fait, c'est la volonté générale, réglée à priori, qui détermine ce qui est de droit, soit pour un même peuple, soit dans les relations des peuples entre eux. Or, pourvu qu'on reste d'accord avec soi-même dans la pratique, cette unité des volontés de tous peut, en même temps, produire l'effet désiré d'après le mécanisme de la nature, et pourvoir ainsi à la réalisation de l'idée du droit. C'est, par exemple, un principe de la politique morale qu'un peuple ne doit se constituer en Etat que d'après les seules idées de liberté et d'égalité, et ce principe ne se fonde pas sur la prudence, mais sur le devoir. Or, que les Moralistes politiques s'y opposent tant qu'ils voudront ; qu'ils s'épuisent à raisonner sur l'inefficacité de ces principes mis en présence des passions naturelles des membres de la société ; qu'ils allèguent même, pour appuyer leurs objections, l'exemple de constitutions anciennes et modernes toutes mal combinées, aussi bien que celui de démocraties organisées sans système représentatif ; tous leurs arguments ne méritent pas d'être écoutés ; surtout quand on considère qu'ils causent peut-être eux-mêmes ce mal moral, dont ils supposent l'existence, par cette théorie funeste qui confond l'homme dans une même classe avec les autres machines vivantes, et qui, pour en faire le plus malheureux de tous les êtres, n'a plus qu'à lui ôter la conscience de sa liberté.

La sentence un peu cavalière, mais vraie : *fiat justitia, pereat mundus* ; c'est-à-dire : « que la justice règne dussent périr les scélérats de tout l'Univers, » cette sentence qui a passé en proverbe est un principe de droit bien énergique, et qui coupe hardiment tous les chemins tortueux tracés par la ruse ou par la force. Mais il faut la bien comprendre. Elle n'autorise pas à faire valoir le droit en toute rigueur, la morale s'oppose à un tel absolutisme, elle commande seulement aux puissants de ne détruire ni diminuer le droit de personne par aversion pour les uns ou par commisération pour les autres ; ce qui exige d'un côté, une constitution intérieure fondée sur les principes du droit, et de l'autre, une convention conclue avec les autres Etats tendant à régler légalement les différends internationaux, quelque chose d'analogue à un Etat universel. Cette sentence signifie donc uniquement, que les maximes politiques ne doivent pas être fondées sur la prospérité qu'on peut s'en promettre pour l'Etat ; qu'on ne doit pas faire attention au but matériel, objet de la volonté de chaque Etat, but qui ne peut servir de premier principe à la politique que lorsque cette politique veut rester empirique ; qu'il faut déduire les maximes d'Etat de la pure idée du Devoir, quelles qu'en puissent être les suites physiques. Et certes, l'Univers ne croulera point parce qu'il y aura moins de méchants ! Telle est la nature essentielle du mal moral, que la contradiction de vues qui se rencontre entre ses partisans le détruit insensiblement, et que, s'anéantissant lui-même, il fait peu à peu place au principe du bien moral.

Objectivement, c'est-à-dire en théorie, il n'y a donc pas d'opposition entre la morale et la politique. Mais il y en aura toujours subjectivement, c'est-à-dire, par une suite du penchant égoïste de l'homme ; (je dirais, dans la pratique, si ce terme ne supposait pas une conduite fondée sur les maximes de la raison). Et, au fond, cette lutte sert d'exercice à la vertu :

> Tu ne cede malis, sed contra audentior ito.

Mais l'effort le plus courageux de la vertu consiste moins, en ce cas, à braver les maux inséparables de ce combat, qu'à découvrir et à vaincre au dedans de nous le mauvais principe, dont l'artificieux mensonge et les perfides sophismes vont à nous persuader sans cesse que la fragilité humaine justifie tous les crimes.

Le Moraliste politique peut dire effectivement que si le prince et le peuple, ou les peuples entre eux, emploient la ruse ou la force pour se combattre, ils ne se font pas tort les *uns aux autres*, quoiqu'ils aient tort de refuser tout respect à l'idée du droit, qui seule pourrait servir de base à une paix perpétuelle. Car l'un manquant à son devoir envers l'autre tout aussi malintentionné à son égard, il est dans l'ordre qu'ils s'entre-détruisent. Malheureusement il reste encore assez de cette engeance pour faire durer ce jeu jusque dans les siècles les plus reculés et fournir à la postérité d'effrayantes leçons. La Providence qui règle le cours du monde est suffisamment justifiée par le maintien du principe moral qui ne meurt jamais dans l'homme, puisqu'au contraire, les progrès continuels de l'esprit humain développent de plus en plus la raison, et la rendent plus propre à réaliser l'idée du droit conformément au principe moral, faisant en même temps plus coupables ceux qui la violent. Il n'y a que l'existence et la création même de cette race dépravée qui semble ne pouvoir être justifiée par aucune théodicée, si nous admettons que le genre humain ne peut jamais s'améliorer. Mais il ne nous est pas permis de nous élever, dans nos jugements théoriques, au-dessus de notre sphère, et la puissance infinie est trop incompréhensible pour que nous osions lui appliquer nos idées de sagesse.

Telles sont les conséquences désolantes qui résultent du système où l'on déclare impraticables les principes du droit. Il faut donc admettre la réalité objective de ces principes ; c'est sur eux qu'il faut que le peuple règle sa conduite dans chaque Etat, et les Etats leurs relations réciproques, quelque spécieuses que soient les objections que la politique déduit de l'expérience.

Ainsi la vraie politique ne saurait faire un pas, sans avoir auparavant rendu hommage à la morale ; unie à celle-ci, elle n'est plus un art difficile ni compliqué, car aussitôt qu'elles ne sont plus d'accord, la morale tranche les nœuds que la politique est incapable de dénouer. Il faut donc tenir pour sacrés les droits de l'homme, dussent les souverains leur faire les plus grands sacrifices. On ne peut pas se partager ici entre le droit et l'utilité : la politique doit plier le genou devant la morale. Mais à cette condition elle doit avec le temps parvenir à briller d'une gloire immortelle.

II. *De l'accord que l'idée transcendante du droit établit entre la politique et la morale.*

Quand je compare, selon l'usage des jurisconsultes, le droit public dans toutes ses parties, soit dans les relations des individus d'un Etat entre eux, soit dans les rapports des Etats avec les Etats, si je fais abstraction de toute la matière du droit, il me reste encore une forme qui lui est essentielle, celle de la publicité. Sans elle il n'est point de justice, puisqu'on ne saurait concevoir la justice que comme pouvant être rendue publiquement ; or sans justice, il n'y aurait pas non plus de droit, puisqu'il ne se fonde que sur la justice.

Chaque prétention juridique doit donc pouvoir être rendue publique ; et comme il est très aisé de juger dans chaque cas si les principes de celui qui agit supporteraient la publicité, cette possibilité même peut servir commodément de critérium à priori pour reconnaître l'injustice d'une prétention juridique.

J'entends par matière du droit civil et public tout ce que l'expérience seule peut nous faire ajouter à l'idée de ce droit, telle est, par exemple, la malice prétendue de la nature humaine qui doit nécessiter la contrainte. Faisons abstraction de tout cela : nous aurons alors une formule transcendante du droit public ; la voici : « Toutes les actions relatives au droit d'autrui dont la maxime n'est pas susceptible de publicité sont injustes. »

Ce principe n'est pas seulement moral et essentiel à la pratique de la Vertu ; il est aussi juridique, et se rapporte également au droit des hommes. Car une maxime que l'on n'ose déclarer tout haut sans agir contre ses propres fins, qui exige absolument le secret pour réussir, et que l'on ne saurait avouer publiquement sans armer tous les autres contre soi, une telle maxime ne peut devoir qu'à l'injustice dont elle les menace, cette opposition infaillible et universelle dont la raison prévoit la nécessité absolue.

Ce principe est d'ailleurs purement négatif; il ne sert qu'à reconnaître ce qui est contraire au droit des autres. Il a l'évidence et la certitude des axiomes, et l'on peut aisément en faire l'application. Quelques exemples puisés dans le droit public vont le prouver.

1° En droit politique (*jus civitatis*) on rencontre une question, regardée comme très difficile à résoudre, et que le principe transcendant de la publicité tranche d'abord : savoir si un peuple est en droit de secouer par la rebellion le joug d'un tyran (*non titulo, sed exercitio talis.*) Les droits du peuple sont violés ; on ne fait pas tort au tyran en le détrônant, cela est hors de doute. Il n'en est pas moins vrai que les sujets ont le plus grand tort de poursuivre leur droit de cette manière, et qu'ils ne sauraient se plaindre d'injustice, si, succombant dans la lutte, ils se voyaient frappés des plus rudes châtiments.

Veut-on décider la question par une déduction dogmatique des droits, on argumentera longtemps pour et contre, mais notre principe transcendant de droit public nous épargne toutes ces difficultés.

D'après ce principe, qu'un peuple se demande si avant l'institution du contrat social, il oserait bien publier la maxime d'après laquelle il se réserverait le droit à l'insurrection dans une occasion donnée. On voit tout de suite que si, en fondant une constitution, le peuple se réservait de pouvoir, en certains cas, employer la force contre son chef, il s'arrogerait un pouvoir légitime sur celui-ci. Mais alors le chef cesserait d'être chef et si l'on voulait faire de cette condition une clause de la Constitution, celle-ci deviendrait impossible et le peuple manquerait son but. L'injustice de la rebellion se manifeste donc, en ce que la publicité rendrait impraticable la maxime qui la permet. Il faudrait, par conséquent, la tenir secrète. — Or, il n'en serait pas de même du chef de l'Etat. Il peut hardiment déclarer qu'il punira de mort tout instigateur de révolte. Lors même que les conspirateurs croiraient que le chef a le premier violé la loi fondamentale, le chef doit jouir d'un pouvoir irrésistible et inviolable, puisqu'il n'aurait pas le droit de commander à chacun, s'il n'avait pas le pouvoir de protéger chacun contre les autres. Or, se sentant revêtu d'un tel pouvoir, il n'a pas à craindre d'agir contre ses propres vues en publiant sa maxime. Une conséquence non moins évidente de ce principe, c'est que si le peuple réussit dans sa révolte, le chef rentrant dans la classe des sujets ne doit, ni renouveler la rebellion pour remonter sur le trône ni être appelé à rendre compte de son administration précédente.

2° Le droit des gens suppose un Etat juridique : car étant un droit public, il renferme déjà dans sa notion la déclaration des droits que la volonté générale assigne à chacun. Cet état juridique doit résulter d'un pacte antécédent, fondé, non sur des lois de contrainte, comme celui d'où résulte un Etat, mais, sur une association permanente et libre, telle que la Fédération des Etats, dont il a été question plus haut.

Dans l'Etat de nature, et en l'absence d'un Etat juridique qui unisse entre elles les diverses personnes physiques ou morales, il ne peut y avoir qu'un droit purement privé. Or, il se manifeste également ici, entre la politique et la morale considérées comme doctrines, une contrariété tout aussi aisée à lever, si on y applique le principe de la publicité des maximes. Je suppose toutefois que la Fédération des peuples n'aura pour objet que le maintien de la paix et non aucune entreprise de conquêtes.

Voici les problèmes sur lesquels la politique ne s'accorde pas avec la morale, et leur solution :

(a) Lorsqu'un Etat a promis à l'autre des secours, la cession de quelque province, ou des subsides etc., on demande si le chef de cet Etat peut se dédire au cas que le salut de l'Etat soit compromis, en prétendant que sa situation doit être envisagée sous un double point de vue ; tantôt comme souverain, libre de toute responsabilité envers quiconque, tantôt comme premier fonctionnaire de l'Etat comptable à ses concitoyens ; de sorte qu'il puisse se dégager en cette dernière qualité des engagements pris en la première.

On voit tout de suite que si un Etat ou son chef rendait cette maxime publique, naturellement tous les autres éviteraient de traiter avec lui, ou s'associeraient entre eux pour s'opposer à ses prétentions; ce qui prouve que la politique, avec toute son adresse, renverserait elle-même son but, si elle usait de franchise : d'où la conséquence que la maxime en question est injuste.

(b) Si une Puissance s'est rendue formidable par ses accroissements, peut-on admettre qu'elle voudra opprimer les autres par cela seul qu'elle le peut ; et les Puissances de second ordre sont-elles pour cela seul en droit de se liguer pour l'attaquer, même avant d'avoir reçu aucune offense ? Un Etat qui professerait ouvertement cette maxime, ne ferait qu'empirer le mal au lieu de l'étouffer. Car la Puissance supérieure prendrait les devants, et l'association des petites Puissances n'est qu'un faible roseau, incapable de résister à quiconque entend bien le *Divide et impera*. Cette maxime de politique rendue notoire se retire donc nécessairement à elle-même toute efficacité, par conséquent elle est injuste.

(c) Quand un petit Etat est situé de manière qu'il empêche entre les parties d'un grand Etat la communication nécessaire à la conservation de celui-ci, le plus grand n'est-il pas autorisé à soumettre l'autre, et à se l'incorporer ? Il est aisé de s'apercevoir que le grand Etat dont il s'agit doit bien se garder de publier cette maxime avant l'exécution ; car, ou les petits Etats formeraient, de bonne heure, contre lui des alliances défensives, ou d'autres grandes Puissances lui disputeraient sa proie. La publicité rendrait donc cette maxime impraticable : marque certaine qu'elle est injuste. Aussi peut-elle l'être à un très haut degré car, quelque petit que soit l'objet d'une injustice, l'injustice elle-même n'en est pas diminuée.

3° Je passe sous silence le droit cosmopolitique, parcequ'il est très aisé d'en formuler et d'en apprécier les maximes, vu son analogie avec le droit des gens.

Voilà donc un caractère auquel nous pouvons reconnaître la non conformité d'une maxime politique avec la morale fondée sur le droit ; savoir l'incompatibilité des maximes de droit public avec la publicité. Il s'agit maintenant de connaître les conditions sous lesquelles ces maximes s'accordent avec le droit des gens. Car on ne peut pas, en sens inverse, conclure de la notoriété possible d'une maxime à sa justice, puisque quels que soient les plans formés, on n'a pas besoin de les cacher quand on dispose pour les exécuter d'une force supérieure.

La première condition nécessaire pour rendre le droit des gens possible, c'est d'abord l'existence d'un ordre juridique. Hors d'un tel ordre, dans l'état de nature, tout droit est un droit purement privé. Or, nous avons vu plus haut qu'il n'y a pas d'autre état juridique compatible avec la liberté des Etats, que leur association fédérative pour le seul maintien de la paix. L'accord de la politique avec la morale ne peut donc avoir lieu qu'au moyen d'une semblable association fondée sur les principes rationnels du droit. Toute politique se fonde sur ce fédéralisme légal, autrement elle n'est qu'un raffinement d'injustice. Or cette fausse politique a une casuistique qui peut, pour le nombre et la subtilité des distinctions, rivaliser avec celle des jésuites. Elle a d'abord les restrictions mentales, *restrictio mentalis*, les équivoques qu'elle sait glisser adroitement dans les traités publics pour pouvoir ensuite les expliquer à son avantage ; comme par exemple la distinction entre le *statu quo* de fait et le *statu quo* de droit ; — le probabilisme, qui forge des intentions hostiles et les attribue aux autres, qui imagine une supériorité vraisemblable de pouvoir et en fait un droit en faveur duquel on peut miner des Etats paisibles ; — enfin le « péché philosophique » *peccatum philosophicum* (*peccatillum* bagatelle), qui permet de regarder comme une faute très pardonnable, et peut-être même comme un bien pour le genre humain, que les grands Etats engloutissent les petits (1).

Le prétexte spécieux de toutes ces maximes, c'est la morale elle-même dont la duplicité politique fait

---

(1) On trouvera les exemples de l'application de toutes ces maximes dans la dissertation de M. le conseiller Garve sur l'union de la politique avec la morale (1788). Ce respectable savant avoue dès le commencement, son impuissance à résoudre totalement ce problème. Mais, approuver cette union, sans croire qu'on puisse réfuter les objections qu'on y oppose, n'est-ce pas accorder plus qu'on ne doit à ceux qui ne se montrent que trop disposés à abuser d'une pareille facilité.

plier les diverses branches à ses fins. La bienveillance est un devoir aussi bien que le respect pour les droits de l'homme : mais l'une n'est qu'un devoir conditionnel, tandis que l'autre est absolu et nécessaire. Il faut être assuré de n'avoir en rien manqué au second pour pouvoir se livrer au doux sentiment de la bienveillance. La politique s'accorde aisément avec la morale en tant que celle-ci règle les mœurs, et confie les droits des hommes à leurs supérieurs, mais dès que la morale établit les droits de l'homme, au lieu de se prosterner devant elle, comme elle devait le faire, la politique trouve aussitôt à propos de la combattre et de lui disputer toute réalité, en réduisant tous les devoirs à la bienveillance. Or cet artifice d'une politique ténébreuse serait bientôt démasqué par la publicité de ses maximes que les philosophes produiraient au grand jour, si cette politique avait seulement le courage de permettre la publication de leurs principes.

Dans cette pensée je propose un autre principe transcendant et affirmatif du droit public, dont la formule serait la suivante : « Toutes les maximes, qui pour produire leur effet, ont besoin de publicité, s'accordent avec la morale et la politique combinées. » Car, si en effet ces maximes ne peuvent produire leur effet qu'autant qu'elles sont notoires, il faut qu'elles s'accordent avec le but général du public, avec le bonheur, par conséquent elles conviennent à la politique qui s'occupe à imaginer un état de choses, dont chacun puisse être content. Et si ce but ne peut être atteint que par la publicité des maximes qu'on propose, c'est dire, qu'en écartant d'elles tout sujet de défiance, il faut encore qu'elles soient conformes aux droits du public, seul point de convergence où puissent se rassembler les fins particulières de tous.

Je renvoie à une autre occasion le développement de ce principe. J'ajoute seulement qu'il est transcendant, puisque la formule ne renferme rien de matériel, rien qui se rapporte à la doctrine du bonheur, et qu'il faille puiser dans l'expérience ; elle ne vise qu'à la forme universelle qui donne force de loi aux maximes.

S'il est de devoir, si même on peut concevoir l'espérance fondée de réaliser, quoique par des progrès sans fin le règne du droit public, la paix perpétuelle qui succédera aux *Trêves*, jusqu'ici nommées *Traités de paix*, n'est donc pas une chimère, mais un problème dont le temps, vraisemblablement abrégé par l'accélération de la marche progressive de l'esprit humain, nous promet la solution.

FIN.

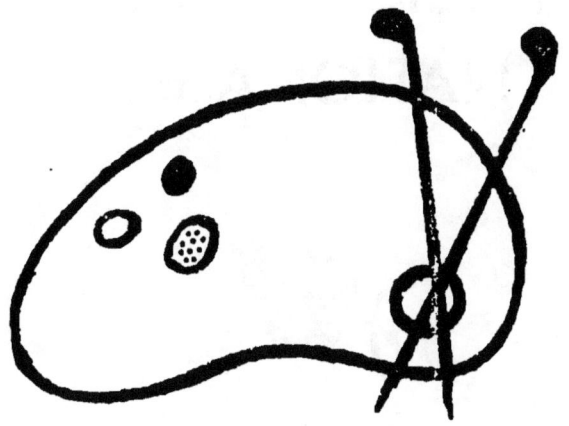

Original en couleur
NF Z 43-120-8

BIBLIOTHÈQUE NATIONALE

CHÂTEAU
de
SABLÉ
1990